NEW CONCEPT JAPANESE

신개념 일본어

공저 김희성·田淵咲子·稲熊美保·황경자

머리말

예전에는 일본어를 배우는 목적이 여행이나 비지니스 상의 이유가 대부분이었다. 그러나 지금은 게임, 음악, 인터넷, 영화 등 다양한 매체를 통하여 일본어를 쉽게 접할 수 있게 되었다. 이렇게 일본어를 배우는 학습자들의 요구가 다양해짐에 따라 기존의 문법위주의 교과서로는 이런 소비자들의 욕구를 충족시킬 수가 없게 되었다.

그래서 만들게 된 것이 본 교재로 변화가 많은 현대사회에서 일어날 만한 상황에 맞게 구성되어 있다. 또한 이러한 시대의 요구에 부응해 실생활에서 주로 사용하는 어휘를 실제 회화에서 직접 활용할 수 있도록 다음과 같은 사항을 중점적으로 다루었다.

1 사용빈도수가 높은 어휘를 사용

2 POINT(용례)에서 다양한 사용법을 제시

3 확인해 보자(문형연습)에서는 응용해서 말하기 시도

4 잘 들어 보자(청해연습)에서는 전체적인 내용을 파악하는지를 확인

5 일본어로 놀자에서는 재미있는 게임을 통한 실전 적응 훈련

6 그림사전을 통해 주변에서 자주 접하는 어휘를 익힘

POINT(용례)에서는 어떤 상황을 접하게 되더라도 대처할 수 있도록 다양한 예문을 제시하였다. 매뉴얼에서는 본 교재를 어떤 식으로 활용해서 수업을 하는 것이 효과적인지를 다루고 있다. 본 교재로 일본어를 학습하는 여러분들의 실력이 향상되기를 바라며, 최신개정판을 내도록 도와 주신 시사일본어사 엄호열 사장님과 편집부 여러분께 깊은 감사를 드린다.

저자 일동

일러두기

본 교재의 학습목표

· 실생활에 자주 사용되는 기본적인 문형과 단어를 배웁니다.

· 여러 상황을 설정하여 말하기 연습을 합니다.

· 게임 / 롤플레이 / 인터뷰를 통해 응용력을 키웁니다.

본 교재의 구성

1 · 2과 : 글자와 발음

3과~36과 : 문형연습과 회화문

3과부터의 과 구성

① 회화문

요즈음 일본어 학습자 계층이 다양해지는 현상에 맞추어, 대학생 · 회사원 뿐 아니라 주부 · 자유직(아르바이트)을 등장인물로 하여 구성하였습니다. 무대는 한국입니다. 한국지사에 파견나온 林拓也에게 회사선배이자 같은 아파트에 살게된 이한수가 친하게 지내는 이웃 박준(자유직)을 소개합니다. 3과의 회화문은 박준이 林와 함께 집에 돌아가는 중 김유리(여대생)를 만나, 소개하면서 이들 등장인물들의 관계가 엮어지게 됩니다.

회화문을 읽고 연습한 후 아래의 그림만을 보면서 회화문을 재생시키는 연습을 할 수 있도록 하였습니다.

② NEW WORDS

새로 나온 단어와 어구를 정리 하였습니다. 제출 순서는 〈회화문〉 → 〈확인해 보자〉 → 〈잘 들어 보자〉 → 〈일본어로 놀자〉입니다. POINT에 들어있는 신출어구의 뜻은 각 용례의 해석으로 대신하였습니다.

③ POINT 

그 과의 주요문형을 용례와 함께 정리한 부분입니다. 각 용례는 읽고 끝내는 것이 아니라, 학습자에게 그대로 질문하여 즉석에서 활용할 수 있도록 만들었습니다. 따라서 DRILL로도 충분히 이용할 수 있습니다.

④ 확인해 보자 

POINT에서 단어를 대입하여 문장을 만드는 연습을 할 수 있기 때문에, 여기에서는 주로 말하기 연습으로 만들었습니다. 문제에 제시된 것으로 연습한 후, 학습자끼리 또는 선생님과 함께 대화연습을 할 수 있습니다.

⑤ 잘 들어 보자 

문장을 듣는 것으로 그치지 않고 전체 내용을 파악하면서 들을 수 있도록 부분적으로 함정을 만들었습니다. 단어를 충분히 외운 후에 들어 주세요.

⑥ 일본어로 놀자 

그 과의 목표를 달성하였는지를 즐겁게 확인할 수 있는 부분입니다. 게임 / 롤플레이 / 인터뷰 등 다양하게 만들었습니다.

⑦ 그림으로 익히는 일본어 

우리 주변에서 많이 접하는 단어를 그림을 통해 배울 수 있도록 하였습니다.

본 교재에 사용된 품사 명칭

· 명사

· 형용사 : い형용사 / な형용사

· 동사 : 5段動詞 → → 1그룹

上1段 / 下1段動詞 → 2그룹

サ行変格動詞 / カ行変格動詞 → 3그룹

Contents

Contents

27	**泳ぎやすいです** ・～て(で) (원인・이유)　・～やすい ・～にくい　・～すぎます
28	**昼間 眠く なります** ・～なる ・[동사 가능형] + ように なる ・[동사 가능형] + ～と
29	**聞けば よかった** ・～ば / なら(ば)　・～ば よかった(のに)
30	**込むかも しれません** ・～なら ・～でしょう(か) ・～かも しれません
31	**汚されたり 壊されたり** ・동사 수동형
32	**悲しそうだったんです** ・～そうです(様態)
33	**優秀な ようです** ・～ようです　・～みたいです
34	**紹介して くださったんです** ・さしあげる / いただく / くださる ・～て あげる / ～て もらう(いただく) / ～て くれる(くださる)
35	**私に させて いただけませんか** ・동사 사역형 ・[동사 사역형] + て(で) いただけませんか ・동사 사역 수동형
36	**お世話に なって おります** ・존경어 / 겸양어

주요 등장 인물

박준

외향적인 성격의 소유자로 학교를 졸업한 후 취직을 하지 않고 아르바이트를 하며 지내고 있다.

하야시 타쿠야

무역회사의 한국 지사에 근무하고 있으며 이한수의 직장 동료이다.

김유리

박준의 친구로 대학교 4 학년이며, 취직 준비를 하고 있다.

이한수

하야시 씨와 같은 회사에 근무하고 있으며, 같은 아파트에 살고 있다.

야마다 메구미

이한수 씨의 부인으로 활발한 성격이다.

UNIT

1 문자와 발음

일본어 문자

가나문자(仮名文字)

일본어 문자는 히라가나(ひらがな)와 가타카나(かたかな), 한자를 기본으로 한다. 히라가나와 가타카나를 통틀어 '가나(仮名)'라 하는데, 이것은 한자를 기초로 만들어진 문자이다. 가나를 일정한 순서로 5자씩 10행으로 배열한 것을 오십음도(五十音図/ごじゅうおんず)라고 하며, 오십음도에서 세로 줄을 행(行), 가로 줄을 단(段)이라 한다.

히라가나

히라가나는 한자의 초서체에서 따온 것으로 필기체에 쓰인다. 9세기 말에서 10세기경에 만들어진 것으로 여성들이 시를 쓸 때나, 수필, 서간문에서 많이 사용되었다. 히라가나는 몇 가지 형태로 사용되어 왔는데, 1900년에 발표된 소학교령에 의해 현재의 46자로 통일되어 일본어의 기본 문자로 자리잡았다.

가타카나

가타카나는 10세기경에 만들어진 것으로 추정되며, 한자의 획을 중심으로 모방 또는 일부를 생략해 만든 문자이다. 현대어에서는 외래어, 외국의 지명이나 고유명사, 의태어, 의성어, 전보문 등에 사용되고 있다.

한자(漢字)

한자는 일본어 어휘의 기본을 이룬다. 이 일본어 한자를 읽는 방법에는 일본어 고유의 뜻을 살려 읽는 훈독(訓読)과 한자의 원래 음으로 읽는 음독(音読) 두 가지가 있는데, 훈독과 음독은 각각 한 가지가 아니라 두 가지 이상으로 읽히는 경우가 많다. 주로 훈독은 자립어로 쓰일 때 사용되고 음독은 다른 글자와 결합된 어휘에서 사용되는데, 음독 + 음독, 음독 + 훈독 등으로 다양하게 읽혀진다.

	음 독	훈 독
国	国民(こくみん) 국민	国(くに) 나라
私	私立(しりつ) 사립	私(わたし) 나

히라가나(ひらがな) CD1-01

	あ行	か行	さ行	た行	な行	は行	ま行	や行	ら行	わ行	ん行
あ段	あ a	か ka	さ sa	た ta	な na	は ha	ま ma	や ya	ら ra	わ wa	ん N
い段	い i	き ki	し shi	ち chi	に ni	ひ hi	み mi		り ri		
う段	う u	く ku	す su	つ tsu	ぬ nu	ふ hu	む mu	ゆ yu	る ru		
え段	え e	け ke	せ se	て te	ね ne	へ he	め me		れ re		
お段	お o	こ ko	そ so	と to	の no	ほ ho	も mo	よ yo	ろ ro	を wo	

1. 청음(清音) CD1-02

あ行	あ	い	う	え	お
	a	i	u	e	o

あい 사랑 いえ 집 うえ 위
え 그림 おう 왕

か行	か	き	く	け	こ
	ka	ki	ku	ke	ko

かい 조개 きく 국화 けいかく 계획
こえ 목소리

さ行	さ	し	す	せ	そ
	sa	shi	su	se	so

おさけ 술 しか 사슴 すいか 수박
せき 자리 そこ 거기

た行	た	ち	つ	て	と
	ta	chi	tsu	te	to

たい 도미 ちち 아버지 て 손
とけい 시계

な行	な	に	ぬ	ね	の
	na	ni	nu	ne	no

なつ 여름 にく 고기 ぬの 천
ねこ 고양이

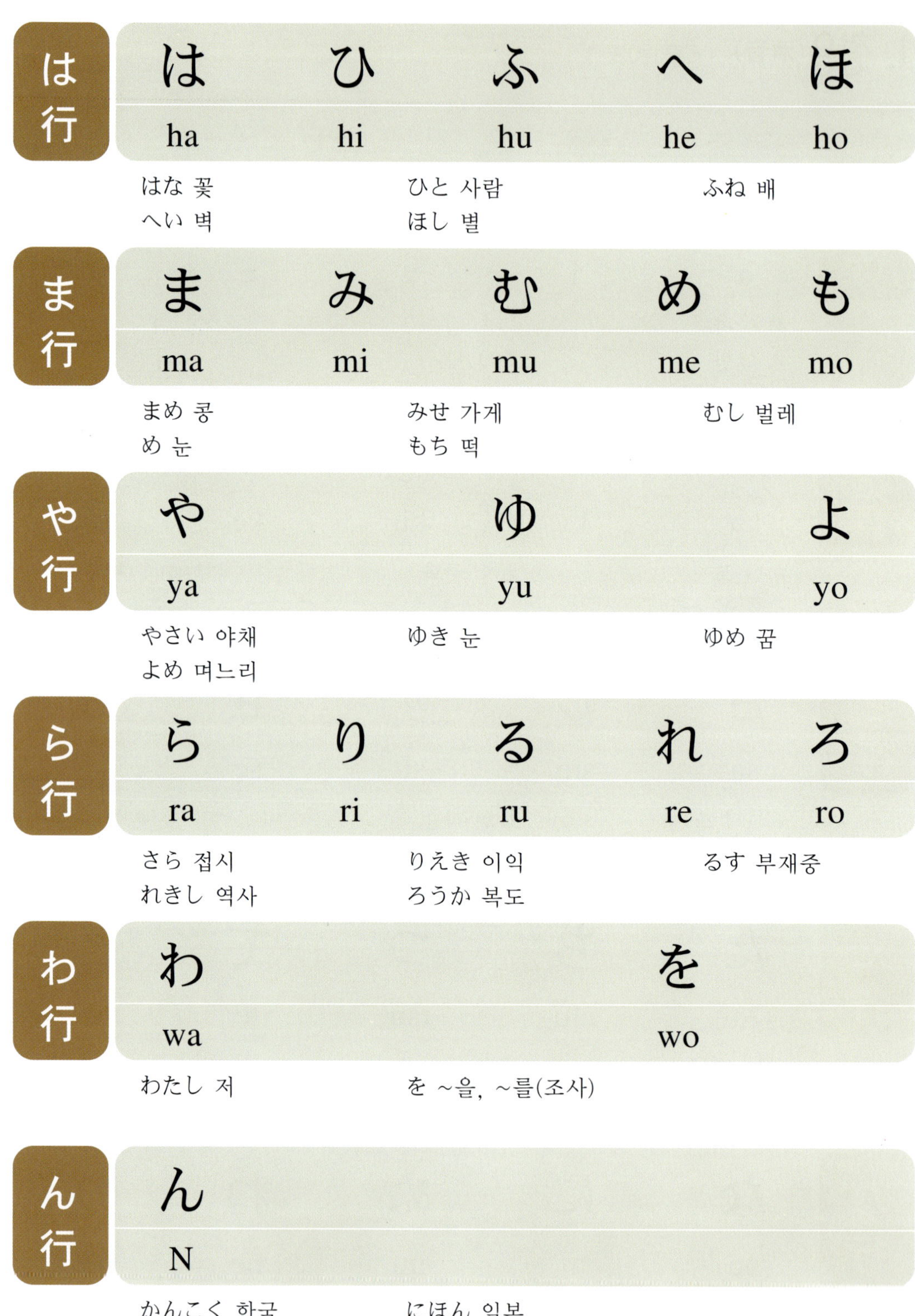

は行	は	ひ	ふ	へ	ほ
	ha	hi	hu	he	ho

はな 꽃　ひと 사람　ふね 배
へい 벽　ほし 별

ま行	ま	み	む	め	も
	ma	mi	mu	me	mo

まめ 콩　みせ 가게　むし 벌레
め 눈　もち 떡

や行	や		ゆ		よ
	ya		yu		yo

やさい 야채　ゆき 눈　ゆめ 꿈
よめ 며느리

ら行	ら	り	る	れ	ろ
	ra	ri	ru	re	ro

さら 접시　りえき 이익　るす 부재중
れきし 역사　ろうか 복도

わ行	わ			を	
	wa			wo	

わたし 저　を ~을, ~를(조사)

ん行	ん
	N

かんこく 한국　にほん 일본

2. 탁음(濁音) CD1-03

청음의 자음 중「か행 さ행 た행 は행」에는 글자 오른쪽 상단에「゛」부호를 붙여 탁음을 만드는데, 이 탁음 부호를 '니고리(にごり)'라 부른다.

が行	が	ぎ	ぐ	げ	ご
	ga	gi	gu	ge	go

がか 화가
ごはん 밥
ぎんこう 은행
げんかん 현관

ざ行	ざ	じ	ず	ぜ	ぞ
	za	ji	zu	ze	zo

ざせき 좌석
かぜ 바람
じかん 시간
かぞく 가족
みず 물

だ行	だ	ぢ	づ	で	ど
	da	ji	zu	de	do

だいこん 무
でんわ 전화
はなぢ 코피
どようび 토요일
つづき 계속

ば行	ば	び	ぶ	べ	ぼ
	ba	bi	bu	be	bo

おちば 낙엽
べんごし 변호사
びじん 미인
ぼうし 모자
ぶた 돼지

3. 반탁음(半濁音) CD1-04

「は행」오른쪽 상단에 반탁음 부호「゜」를 붙인다.

ぱ行	ぱ	ぴ	ぷ	ぺ	ぽ
	pa	pi	pu	pe	po

かんぱい 건배
てんぷら 튀김

えんぴつ 연필
ぽかぽか 따끈따끈

せんぷうき 선풍기
たんぽぽ 민들레

4. 요음(拗音) CD1-05

반모음「やゆよ」가 오십음도의「い단」음과 결합한 소리로 두 문자이지만, 발음은 1음절로 하며「やゆよ」는 작게 표기한다.

きゃ	kya	きゅ	kyu	きょ	kyo
しゃ	sha	しゅ	shu	しょ	sho
ちゃ	cha	ちゅ	chu	ちょ	cho
にゃ	nya	にゅ	nyu	にょ	nyo
ひゃ	hya	ひゅ	hyu	ひょ	hyo
みゃ	mya	みゅ	myu	みょ	myo
りゃ	rya	りゅ	ryu	りょ	ryo
ぎゃ	gya	ぎゅ	gyu	ぎょ	gyo
じゃ	ja	じゅ	ju	じょ	jo
びゃ	bya	びゅ	byu	びょ	byo
ぴゃ	pya	ぴゅ	pyu	ぴょ	pyo

5. 촉음(促音)...... っ CD1-06

「つ」를 작게 표기한 음으로 받침 역할을 하며 한 음절 길이만큼 다음에 올 자음 입모양으로 쉬어야 한다.

① [k] : 「か行」 앞에 올 때

みっか 사흘　　そっくり 전부, 그대로

がっき 악기　　がっこう 학교

② [s] : 「さ行」 앞에 올 때

きっさてん 찻집(커피숍)　　ざっし 잡지

③ [t] : 「た行」 앞에 올 때

むっつ 여섯　　きって 우표

あさって 모레　　おっと 남편

④ [p] : 「ぱ行」 앞에 올 때

いっぱい 가득　　しっぱい 실패

きっぷ 표　　さっぽろ 삿포로

6. 발음(撥音) .... ん CD1-07

「ん」은 한 박자의 길이를 가지며 다음에 오는 음에 따라 「m, n, ŋ, N」의 4가지로 발음된다.

① [m] : 「ま, ば, ぱ行」 앞에 올 때

えんぴつ 연필　　ほんもの 진짜 물건, 실물

ぶんぽう 문법　　しんぶん 신문

さんぽ 산책　　えんぶん 염분

② [n] : 「さ, ざ, た, だ, な, ら行」 앞에 올 때

えんとつ 연통　　べんとう 도시락
かんじ 한자　　べんり 편리
あんない 안내　　こんど 이번에

③ [ŋ] : 「か, が行」 앞에 올 때

けんか 싸움　　えんかい 연회
まんが 만화　　れんこん 연근

④ [N] : 「あ, や, わ行」 앞에 올 때

れんあい 연애　　でんわ 전화
ほんや 서점　　てんいん 점원

7. 장음(長音) CD1-08

① あ단 + あ → [a:]

おばあさん 할머니　　★おばさん 아주머니
おかあさん 어머니

② い단 + い → [i:]

おじいさん 할아버지　　★おじさん 아저씨
いい 좋다

③ う단 + う → [u:]

ゆうき 용기　　★ゆき 눈
ひこうき 비행기

④ え단 + え/い → [e:]

ゆうめい 유명　　★ゆめ 꿈
せんせい 선생님

⑤ お단 + お/う [o:]

おおい 많나　　★おい 조카
おとうさん 아버지

인사(1) CD1-09

1.	おはようございます。	안녕하십니까?(아침 인사)
2.	こんにちは。	안녕하십니까?(낮 인사)
3.	こんばんは。	안녕하십니까?(저녁 인사)
4.	おやすみなさい。	안녕히 주무세요.
5.	さようなら。	안녕히 가세요./안녕히 계세요.
6.	すみません。	미안합니다.
7.	ありがとうございます。	고맙습니다.
8.	どういたしまして。	천만에요.
9.	はじめまして。	처음 뵙겠습니다.
10.	おひさしぶりです。	오래 간만입니다.
11.	おげんきですか。	(그 동안) 안녕하셨습니까?
12.	いただきます。	잘 먹겠습니다.
13.	ごちそうさま。	잘 먹었습니다.
14.	どうぞ よろしく。	잘 부탁합니다.
15.	おねがいします。	부탁합니다.
16.	では、また。	그럼 또(만납시다).
17.	おだいじに。	몸 조심하십시오.

UNIT 2

문자와 발음

가타카나(カタカナ)

1. 청음(清音)

	ア行	カ行	サ行	タ行	ナ行	ハ行	マ行	ヤ行	ラ行	ワ行	
ア段	ア a	カ ka	サ sa	タ ta	ナ na	ハ ha	マ ma	ヤ ya	ラ ra	ワ wa	ン N
イ段	イ i	キ ki	シ shi	チ chi	ニ ni	ヒ hi	ミ mi		リ ri		
ウ段	ウ u	ク ku	ス su	ツ tsu	ヌ nu	フ hu	ム mu	ユ yu	ル ru		
エ段	エ e	ケ ke	セ se	テ te	ネ ne	ヘ he	メ me		レ re		
オ段	オ o	コ ko	ソ so	ト to	ノ no	ホ ho	モ mo	ヨ yo	ロ ro	ヲ wo	

2. 탁음(濁音)

ガ	ギ	グ	ゲ	ゴ
ga	gi	gu	ge	go
ザ	ジ	ズ	ゼ	ゾ
za	ji	zu	ze	zo
ダ	ヂ	ヅ	デ	ド
da	ji	zu	de	do
バ	ビ	ブ	ベ	ボ
ba	bi	bu	be	bo

3. 반탁음(半濁音, はんだくおん)

パ	ピ	プ	ペ	ポ
pa	pi	pu	pe	po

4. 요음(拗音, ようおん)

キャ	kya	キュ	kyu	キョ	kyo
シャ	sha	シュ	shu	ショ	sho
チャ	cha	チュ	chu	チョ	cho
ニャ	nya	ニュ	nyu	ニョ	nyo
ヒャ	hya	ヒュ	hyu	ヒョ	hyo
ミャ	mya	ミュ	myu	ミョ	myo
リャ	rya	リュ	ryu	リョ	ryo
ギャ	gya	ギュ	gyu	ギョ	gyo
ジャ	ja	ジュ	ju	ジョ	jo
ビャ	bya	ビュ	byu	ビョ	byo
ピャ	pya	ピュ	pyu	ピョ	pyo

5. 장음(長音, ちょうおん)

① ア段 ＋ ー → [a:] サッカー　② イ段 ＋ ー → [i:] キー　③ ウ段 ＋ ー → [u:] スープ
④ エ段 ＋ ー → [e:] ケーキ　⑤ オ段 ＋ ー → [o:] コーヒー

CD1-10

アイス 얼음
ウエイトレス 웨이트리스
アパート 아파트
エアコン 에어콘
インターネット 인터넷
オレンジ 오렌지

カラー 컬러
ケーキ 케이크
キッチン 부엌
コーヒー 커피
クッキー 쿠키

サイン 사인
セーター 스웨터
システム 시스템
ソーセージ 소시지
スキー 스키

タイプ 타이프
チンパンジー 침팬지
ダイヤ 다이아
テスト 시험
ツアー 여행
トマト 토마토

ナンバー 넘버
ニュース 뉴스
ネクタイ 넥타이
ニューヨーク 뉴욕
ノート 노트
カヌー 카누

ハ行

ハ	ヒ	フ	ヘ	ホ
ha	hi	hu	he	ho

ハム 햄
フランス 프랑스
バス 버스
ホワイト 하얀색
パイプ 파이프
ヒーター 히터

マ行

マ	ミ	ム	メ	モ
ma	mi	mu	me	mo

マナー 매너
ミス 미스
ムード 무드
メロン 메론
メーカー 메이커
モードー 모드

ヤ行

ヤ	ユ	ヨ
ya	yu	yo

イヤホン 이어폰
ユーモア 유머
ヨーロッパ 유럽

ラ行

ラ	リ	ル	レ	ロ
ra	ri	ru	re	ro

ラーメン 라면
リズム 리듬
ラッシュアワー 러시아워
レモン 레몬
ロボット 로봇트
ルール 규칙

ワ行

ワ
wa

ワールド 세계

ン行

ン
N

ファン 팬

UNIT

3 はじめまして

CD1-11

박준은 林를 아파트로 안내하던 중, 아파트 앞에서 김유리를 만나 소개시킨다.

12 パク: キムさん、こちらは 林(はやし)さんです。

13 林(はやし): はじめまして。 林拓也(はやしたくや)です。どうぞ よろしく お願(ねが)いします。

14 キム: キム ユリです。 こちらこそ どうぞ よろしく。

15 パク: キムさん、おでかけですか。

16 キム: はい。

17 パク: じゃ、また 後(あと)で。

18 キム: ええ。 じゃ、また。

* * * * * * * * * *

19 林(はやし): キムさんは パクさんの 恋人(こいびと)ですか。

20 パク: えっ? いいえ、私(わたし)の 恋人(こいびと)じゃ ありません。友達(ともだち)です。

New Words

会話文

～さん ～씨

～は ～은/는

はじめまして 처음 뵙겠습니다

こちらこそ 저야말로

おでかけ 외출

じゃ 그럼

あとで(後で) 나중에, 이따가

～の ～의

えっ 네?!(놀랐을 때)

わたし(私) 나/저

ともだち(友達) 친구

こちら 이쪽

～です ～입니다

どうぞよろしくおねが(願)いします

(부디) 잘 부탁합니다

はい 네

また 또

ええ 네

こいびと(恋人) 애인

いいえ 아니오

～じゃありません ～가 아닙니다

확인해 보자

しゅふ(主婦) 주부

にほんご(日本語) 일본어

くるま(車) 차/자동차

じしょ(辞書) 사전

フリーター 자유직(아르바이트)

かばん 가방

ほん(本) 책

かさ(傘) 우산

잘 들어 보자

うわぎ(上着) 윗도리

けいたい 핸드폰(けいたい電話(でんわ))의 줄임말

だいがくせい(大学生) 대학생

POINT

1 지시대명사

	こ(이)	そ(그)	あ(저)	ど(어느)
지시어(+명사)	この~(이~)	その~(그~)	あの~(저~)	どの~(어느~)
물건	これ(이것)	それ(그것)	あれ(저것)	どれ(어느 것)
방향	こちら(이쪽)	そちら(그쪽)	あちら(저쪽)	どちら(어느 쪽)
장소	ここ(여기)	そこ(거기)	あそこ(저기)	どこ(어디)

2 ~は ~です　　~는(은) ~입니다

わたしは 韓国人(かんこくじん)です。
저는 한국인입니다.

これは アイスコーヒーです。
이것은 아이스 커피입니다.

トイレは あそこです。
화장실은 저기입니다.

3 Q : ~ ですか　　~입니까?
A : はい、~ です　　네, ~입니다
いいえ、~ じゃ ありません　　아니오, ~가(이) 아닙니다

A : 学生(がくせい)さんですか。
학생입니까?

B : はい、学生(がくせい)です。 / いいえ、学生(がくせい)じゃ ありません。会社員(かいしゃいん)です。
네, 학생입니다.　　아니오, 학생이 아닙니다. 회사원입니다.

A : バス停は　ここですか。
버스 정류장은 여기입니까?

B : はい、ここです。
네, 여기입니다.

4 ~の ~ / ~の　~의~/~의 것

きょうの　新聞です。
오늘 신문입니다.

わたしの　友達は　英語の　先生です。
제 친구는 영어 선생님입니다.

この　けいたいは　キムさんのですか。
이 핸드폰은 김○○ 씨 것입니까?

확인해 보자

다음 예와 같이 문장을 만들어 보세요.

1

예 キム・学生(がくせい) ⇒ こちらは キムさんです。キムさんは 学生(がくせい)です。

① 山田(やまだ)・主婦(しゅふ)
② 林(はやし)・会社員(かいしゃいん)
③ パク・フリーター
④ イ・日本語(にほんご)の先生(せんせい)

2

예
この かばんは キムさんのですか。
はい、その かばんは キムさんのです。
いいえ、その かばんは キムさんのじゃ ありません。

① この ＿＿＿＿＿は 林(はやし)さんのですか。
はい、その ＿＿＿＿＿＿＿＿＿＿＿＿＿＿＿＿＿。

② この ＿＿＿＿＿は パクさんのですか。
いいえ、その ＿＿＿＿＿＿＿＿＿＿＿＿＿＿＿＿＿。

③ この ＿＿＿＿＿は イさんのですか。
はい、その ＿＿＿＿＿＿＿＿＿＿＿＿＿＿＿＿＿。

④ この ＿＿＿＿＿は 山田(やまだ)さんのですか。
いいえ、その ＿＿＿＿＿＿＿＿＿＿＿＿＿＿＿＿＿。

⑤ この ＿＿＿＿＿は 佐藤(さとう)さんのですか。
いいえ、その ＿＿＿＿＿＿＿＿＿＿＿＿＿＿＿＿＿。

잘 들어 보자

대화의 내용을 잘 듣고 1번과 2번 문제를 풀어 보세요. (1~2번)

21 1. 대화의 내용을 잘 듣고 이름과 직업을 메모하세요.

22 2. 각자의 소지품과 연결해 보세요.

① 이름 :
직업

② 이름 :
직업

③ 이름 :
직업

④ 이름 :
직업

일본어로 놀자

アクティビティー

준비물 : 명함
(없는 사람은 즉석에서 만드세요.)

1 서로 짝을 만드세요.

2 명함을 건네면서 각자 자기소개를 하세요.

예 はじめまして。わたしは (이름)です。(직업)です。どうぞ よろしく お願(ねが)いします。

3 모두 서로의 짝에게 자기소개가 끝나면 짝에게서 받은 명함을 들고, 다른 학생들에게 자기 짝을 소개하세요.

예 こちらは __________さんです。__________さんは (직업)です。

4 모든 학생의 소개가 끝나면, 이번에는 담당 선생님이「~ さんは どの方(かた)ですか。」라고 질문하세요.

5 학생들은 그 사람을 지목하며,「~さんは この(その・あの) 方(かた)です。」라고 대답하세요.

UNIT

4 それは　何ですか

CD1-23

林가 빨래방에 가던 중 박준을 만났다.

24 パク：こんばんは。それは　何(なん)ですか。

25 林(はやし)：洗濯物(せんたくもの)です。あの… コインランドリーは　どこですか。

26 パク：あそこの　地下(ちか)です。でも、今日(きょう)は　お休(やす)みですよ。

27 林(はやし)：えっ。月曜日(げつようび)は　お休(やす)みですか。

28 パク：はい。火曜日(かようび)から　日曜日(にちようび)までです。

29 林(はやし)：うーん…、じゃ、何時(なんじ)から　何時(なんじ)までですか。

30 パク：午前(ごぜん)　8時(はちじ)から　午後(ごご)　9時(くじ)までです。

31 林(はやし)：日曜日(にちようび)も　9時(くじ)までですか。

32 パク：いいえ、日曜日(にちようび)は　6時(ろくじ)までですよ。

パク　　林

パク　　林

New Words

会話文

こんばんは 안녕하세요(저녁인사)	**なん(何)** 무엇
せんたくもの(洗濯物) 세탁물	**あの・・・** 저…
コインランドリー 빨래방	**ちか(地下)** 지하
でも 하지만	**おやすみ(お休み)** 휴일
～よ 지시하거나 가르치는 어조를 나타내는 종조사(문장 끝에 붙는 조사)	**げつようび(月曜日)** 월요일
	かようび(火曜日) 화요일
にちようび(日曜日) 일요일	**～から** ～부터
～まで ～까지	**なんじ(何時)** 몇 시
ごぜん(午前) 오전	**ごご(午後)** 오후
～も ～도	

확인해 보자

えいが(映画) 영화	**コンサート** 콘서트
ざっし(雑誌) 잡지	**ゲーム** 게임
ポスター 포스터	**ミュージカル** 뮤지컬
バレンタインデー 발렌타인 데이	**おしょうがつ(お正月)** 설날
ホワイトデー 화이트데이	**こども(子供)** 어린이
ひ(日) 날	**クリスマス** 크리스마스
おおみそか 한 해의 마지막 날(12월 31일)	

잘 들어 보자

そうそう… 아 참(무엇인가가 생각이 났을 때) / 그래 맞아(동감임을 나타낼 때)

としょかん(図書館) 도서관	**じかん(時間)** 시간

1 [의문사] + ですか (의문사)입니까?

それは　何(なん)ですか。
그것은 무엇입니까?

何(なん)の　チケットですか。
무슨 티켓입니까?

ここは　どこですか。
여기는 어디입니까?

すみません。今(いま)、何時(なんじ)ですか。
실례합니다. 지금 몇 시입니까?

キムさんの　誕生日(たんじょうび)は　いつですか。
김○○ 씨의 생일은 언제입니까?

2 ～でした ～었습니다
～じゃ　ありませんでした ～가(이) 아니었습니다

A : 昨日(きのう)は　お休(やす)みでしたか。
어제는 쉬는 날이었습니까?

B : いいえ、休(やす)みじゃ　ありませんでした。
아니오, 쉬는 날이 아니었습니다.

3 ～から　～まで ～부터 ～까지

仕事(しごと)は　9時(くじ)から　6時(ろくじ)までです。
일은 9시부터 6시까지입니다.

バーゲンセールは　5日(いつか)から　14日(じゅうよっか)までです。
바겐세일은 5일부터 14일까지입니다.

4 ～も　～도

今日（きょう）も お仕事（しごと）ですか。

오늘도 일 나가십니까?

私（わたし）もです。

저도 입니다.

· 수

1(いち)　2(に)　3(さん)　4(し / よん)　5(ご)
6(ろく)　7(しち / なな)　8(はち)　9(く / きゅう)　10(じゅう)

· 시간

① 시(時)　1時(いちじ)　2時(にじ)　3時(さんじ)　4時(よじ)　5時(ごじ)
6時(ろくじ)　7時(しちじ)　8時(はちじ)　9時(くじ)　10時(じゅうじ)
11時(じゅういちじ)　12時 (じゅうにじ)　何時(なんじ)

② 분(分)　1分(いっぷん)　2分(にふん)　3分(さんぷん)　4分(よんぷん)
5分(ごふん)　6分(ろっぷん)　7分(ななふん)　8分(はっぷん)
9分(きゅうふん)　10分(じゅっぷん / じっぷん)　半(はん)　何分(なんぷん)

· 날짜

① 월(月)　1月(いちがつ)　2月(にがつ)　3月(さんがつ)　4月(しがつ)　5月(ごがつ)
6月(ろくがつ)　7月(しちがつ)　8月(はちがつ)　9月(くがつ)　10月(じゅうがつ)
11月(じゅういちがつ)　12月(じゅうにがつ)　何月(なんがつ)

② 일(日)　1日(ついたち)　2日(ふつか)　3日(みっか)　4日(よっか)　5日(いつか)
6日(むいか)　7日(なのか)　8日(ようか)　9日(ここのか)　10日(とおか)
11日(じゅういちにち)　12日(じゅうににち)　13日(じゅうさんにち)
14日(じゅうよっか)　15日(じゅうごにち)···　20日(はつか)
21日(にじゅういちにち)···　30日(さんじゅうにち)···　何日(なんにち)

· 요일

月曜日(げつようび)　火曜日(かようび)　水曜日(すいようび)　木曜日(もくようび)
金曜日(きんようび)　土曜日(どようび)　日曜日(にちようび)　何曜日(なんようび)

확인해 보자

다음 예와 같이 문장을 만들어 보세요.

1

예 チケット / 映画(えいが)

A: これは 何(なん)ですか。

B: チケットです。

A: 何(なん)の チケットですか。

B: 映画(えいが)の チケットです。

① チケット / コンサート　② 本(ほん) / 単語(たんご)　③ 辞書(じしょ) / 日本語(にほんご)

④ 雑誌(ざっし) / ゲーム　⑤ ポスター / ミュージカル

2

예 1 : 15

A: すみません。 今、何時(なんじ)ですか。

B: 1時(いちじ) 15分(じゅうごふん)です。

① 3 : 25　② 4 : 30　③ 7 : 10　④ 9 : 40　⑤ 12 : 45

3

예 バレンタインデー

A: バレンタインデー は いつですか。

B: 2月(にがつ) 14日(じゅうよっか) です。

① お正月(しょうがつ)　② ホワイトデー　③ こどもの 日(ひ)

④ クリスマス　⑤ おおみそか　⑥ 先生(せんせい)の 誕生日(たんじょうび)

내용을 잘 듣고 맞는 그림을 고르세요.

33 1.

① 

( )

② 

( )

③ 

( )

34 2.

① open : 月～土
time : am 9:00~
pm 6:00
(土 : ～12:00)

( )

② open : 月～日
time : am 9:00~
pm 6:00
(土 : ～11:00)

( )

③ open : 月～土
time : am 9:00~
pm 6:00
(土 : ～2:00)

( )

일본어로 놀자

アクティビティー

준비물 : 휴가 날짜가 적힌 카드
(담당 선생님이 만들어 주세요. 같은 날짜를 2장씩 학생의 인원에 맞게 만들어 주세요.)

1 선생님은 휴가 날짜가 적힌 카드를 순서에 관계 없이 나누어 주세요.

2 학생들은 둥글게 앉아서, 자신과 날짜가 같을 것 같은 사람에게 질문하세요.
둥글게 앉았기 때문에 시계 방향으로 게임을 진행하세요.

㉮ A : ～ さんの　お休(やす)みは　いつですか。
B : ～月　～日から　～月　～日までです。

3 만약 자신이 가지고 있는 날짜와 물어본 사람의 휴가 날짜가 같으면, 「私(わたし)もです。」라고 말하세요. 제일 먼저 맞춘 사람이 1등이 됩니다.

4 틀리면 다시 자기 차례가 될 때까지 기다리세요.

5 가장 늦게 맞춘 사람에게는 선생님이 적절한 벌칙을 주세요.

머리에 쏘옥~ 그림으로 익히는 일본어

알아둡시다

〔時間表(じかんひょう) 시간표〕

国語(こくご) 국어	科学(かがく) 과학	美術(びじゅつ) 미술
数学(すうがく) 수학	物理(ぶつり) 물리	化学(かがく) 화학
社会(しゃかい) 사회	生物(せいぶつ) 생물	外国語(がいこくご) 외국어
歴史(れきし) 역사	体育(たいいく) 체육	家庭(かてい) 가정
英語(えいご) 영어	音楽(おんがく) 음악	政治(せいじ)・経済(けいざい) 정치・경제

教室(きょうしつ)と文房具(ぶんぼうぐ) 교실과 문방구

鉛筆(えんぴつ) 연필

万年筆(まんねんひつ) 만년필

ノート 노트

紙(かみ) 종이

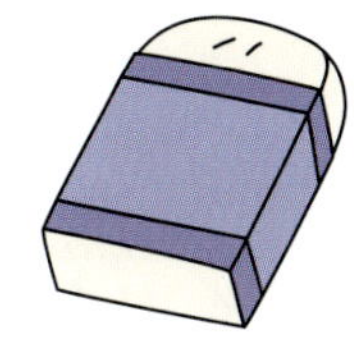

消(け)しゴム 지우개

のり 풀

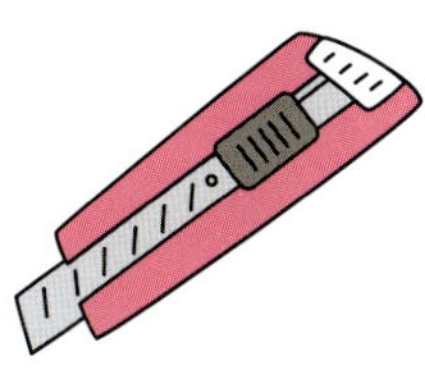

カッター 칼

はさみ 가위

定規(じょうぎ) 자

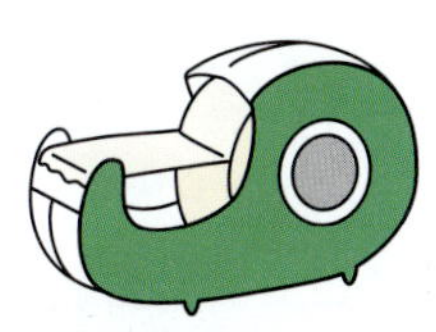

セロテープ 스카치테이프

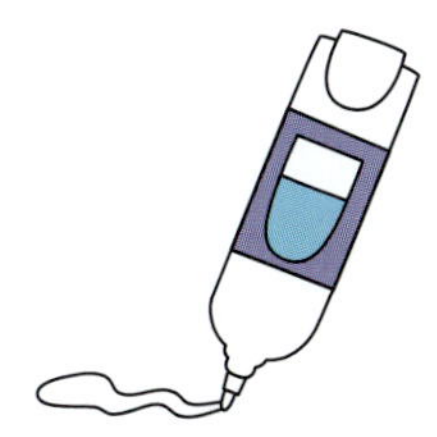

しゅうせいえき 수정액

がびょう 압정

UNIT

5 ラーメンは ありますか

CD1-35

林가 일본 식품 전문 매장에 갔다.

36 林：あの… 日本人の 店員さんも いますか。

37 店員：あ、はい、お客さま。

38 林：すみません。カップラーメンは ありますか。

39 店員：ええ、こちらに あります。

40 林：一つ いくらですか。

41 店員：1,300 ウォンです。

42 林：じゃ、ラーメン 三つと ビール 三本ください。

43 店員：はい、ありがとうございます。 全部で 10,200ウォンです。

林　店員　　店員　林

New Words

会話文

にほんじん(日本人) 일본인	てんいん(店員) 점원
おきゃくさま(お客さま) 손님	～さま ～님
カップラーメン 컵라면	ひとつ(一つ) 한 개, 하나
いくらですか 얼마입니까	～と～ ～랑(과/와/하고)～
ください 주세요	ありがとうございます 감사합니다
ぜんぶ(全部) 전부	ぜんぶ(全部)で 전부해서

확인해 보자

とけい(時計) 시계	やくそく(約束) 약속
テーブル 테이블	はな(花) 꽃
カレンダー 달력	テレビ 텔레비전
ドア 문	エレベーター 엘리베이터
どうも 고마워요	ビル 빌딩
(「どうもありがとうございます」의 생략형)	くすりや(薬屋) 약국
ちかてつ(地下鉄) 지하철	えき(駅) 역
デパート 백화점	コピーき(機) 복사기
となり 이웃	へや(部屋) 방

잘 들어 보자

ジュース 주스	コイン 동전
ひと(人) 사람	こいぬ(子犬) 강아지

일본어로 놀자

ソフトクリーム 소프트 아이스크림	チョコレート 초콜릿
じかん(時間) 시간	

1

～が　あります　～가/이 있습니다

～は　ありません　～는/은 없습니다

▶ 'あります(ある)' 는 사물이나 식물처럼 동작성이 없는 것의 유무를 나타냅니다.

けいたいが　あります。 핸드폰이 있습니다.

時間(じかん)が　あります。　시간이 있습니다.

私(わたし)の　パソコンは　ありません。 제 PC는 없습니다.

授業(じゅぎょう)は　ありません。 수업은 없습니다.

2

～ が　います　～가/이 있습니다

～ は　いません　～는/은 없습니다

▶ 'います(いる)' 는 사람이나 동물처럼 동작성이 있는 것의 유무를 나타냅니다.

恋人(こいびと)が　います。 애인이 있습니다.

兄弟(きょうだい)は　いません。 형제는 없습니다.

ペットは　いますか。 애완 동물이 있습니까?

3

～に　～에

あそこに　私(わたし)の　車(くるま)が　あります。 저기에 제 차가 있습니다.

日本(にほん)に　友達(ともだち)が　一人(ひとり)　います。 일본에 친구가 한 명 있습니다.

A : 公衆電話(こうしゅうでんわ)は　どこに　ありますか。 공중전화는 어디에 있습니까?

B : コンビニの　前(まえ)に　あります。 편의점 앞에 있습니다.

上(うえ)(위)　下(した)(아래)　前(まえ)(앞)　後(うし)ろ(뒤)　中(なか)(안)　外(そと)(밖)　横(よこ)(옆)

4 [의문사] + か　(의문사)인가
[의문사] → なに / だれ / どこ / どれ / いつ

A : 何(なに)か　ありますか。뭔가 있습니까?

B : はい、あります。네, 있습니다.

　いいえ、何(なに)も　ありません。아니오, 아무것도 없습니다.

誰(だれ)か　いますか。누군가 있습니까?

車(くるま)の　下(した)に　何(なに)か　います。차 밑에 뭔가 있습니다.

どこか(어딘가)　いつか(언젠가)　どれか(어느 것인가)

5 ください　주세요

コーヒーと　アイスティー　ください。커피와 아이스티 주세요.

生(なま)ビール　ふたつと　焼(や)きとり　ください。생맥주 두 개와 닭꼬치 주세요.

もう　ひとつ　ください。하나 더 주세요.

조수사(助数詞)

	~명(~人)	~개	~장(~枚)	~권(~冊)	~잔(~杯)	~병 / 자루(~本)
1	ひとり	ひとつ	いちまい	いっさつ	いっぱい	いっぽん
2	ふたり	ふたつ	にまい	にさつ	にはい	にほん
3	さんにん	みっつ	さんまい	さんさつ	さんばい	さんぼん
4	よにん	よっつ	よんまい	よんさつ	よんはい	よんほん
5	ごにん	いつつ	ごまい	ごさつ	ごはい	ごほん
6	ろくにん	むっつ	ろくまい	ろくさつ	ろっぱい	ろっぽん
7	しちにん	ななつ	ななまい	ななさつ	ななはい	ななほん
8	はちにん	やっつ	はちまい	はっさつ	はっぱい	はっぽん
9	きゅうにん	ここのつ	きゅうまい	きゅうさつ	きゅうはい	きゅうほん
10	じゅうにん	とお	じゅうまい	じゅっさつ	じゅっぱい	じゅっぽん
11	じゅういちにん	じゅういち	じゅういちまい	じゅういっさつ	じゅういっぱい	じゅういっぽん
12	じゅうににん	じゅうに	じゅうにまい	じゅうにさつ	じゅうにはい	じゅうにほん
몇	なんにん	いくつ	なんまい	なんさつ	なんばい	なんぼん

확인해 보자

다음 예와 같이 문장을 만들어 보세요. (1～2 번)

1

예 車(くるま) / はい (いいえ)

A : 車(くるま)は　ありますか。

B : はい、車(くるま)が　あります。(いいえ、車(くるま)は　ありません。)

① パソコン / いいえ　② 恋人(こいびと) / はい　③ ペット / いいえ
④ 時計(とけい) / いいえ　⑤ 約束(やくそく) / はい

2

예 トイレ / エレベーターの横(よこ)

A : すみません。 トイレは　どこに　ありますか。

B : エレベーターの　横(よこ)に　ありますよ。

A : どうも。

① バス停(てい) / あの　ビルの　前(まえ)　② 薬屋(くすりや) / この　地下(ちか)　③ 地下鉄(ちかてつ)の　駅(えき) / デパートの　前(まえ)
④ コピー機(き) / ドアの　横(よこ)　⑤ キムさん / となりの　部屋(へや)　⑥ 店員(てんいん)さん / あそこ

다음 그림을 보고 예와 같이 만들어 보세요. (3～4 번)

3 **예** 電話(でんわ) → テーブルの 上(うえ)に 電話(でんわ)が あります。

① 花(はな)　② 犬(いぬ)　③ 子供(こども)　④ 傘(かさ)　⑤ カレンダー

4 **예** 電話(でんわ) → A: 電話(でんわ)は どこに ありますか。
B: 電話(でんわ)は テーブルの 上(うえ)に あります。

① 花(はな)　② 犬(いぬ)　③ 子供(こども)　④ 傘(かさ)　⑤ カレンダー

잘 들어 보자

내용을 잘 듣고 맞는 것을 골라 보세요.

44 1. 무엇을 몇 개 샀습니까?

① ラーメン ひとつと ジュース ふたつ　② ラーメン ふたつと ジュース ひとつ

③ ラーメン ひとつと ジュース ひとつ

45 2. 무엇이 있습니까?

① コインが あります。　② 人(ひと)が います。　③ 子犬(こいぬ)が います。

일본어로 놀자

アクティビティー

1 여기는 패스트푸드점입니다. 한 사람은 손님이 되어 먹고 싶은 것을 아래의 메뉴판에서 골라 주문을 하고, 다른 한 사람은 점원이 되어 주문을 받으세요.

학생 A ㉧
すみません。チーズバーガー ひとつと コカコーラ スモール ひとつと ビスケット ふたつ ください。

2 점원이 된 학생은 주문을 듣고 아래 메뉴판의 가격을 보며 계산을 해서 손님에게 총액을 알려 주세요.

학생 B ㉧
はい。
チーズバーガー ひとつと コカコーラ スモール ひとつと ビスケット ふたつですね。
ありがとうございます。全部で 480円です。

メニュー

ハンバーガー　¥80	チーズバーガー ¥120	チキンバーガー ¥150
てりやきバーガー ¥190	アップルパイ　¥150	ビスケット　¥100
フライドポテト　(S)¥150　(R)¥240　(L)¥290		
ナゲット　5ⓟ¥190　9ⓟ¥300　16ⓟ¥500		
シェイク (ストロベリー / チョコレート / バニラ)　¥200		
コカコーラ / ファンタ / オレンジジュース / アイスコーヒー / アイスティー　(S)¥160　(R)¥180　(L)¥200		
ホットコーヒー / ホットティー / ホットココア / スープ　¥180		
ソフトクリーム　¥100		

UNIT 

6 一杯 飲みませんか

CD1-46

林가 김유리에게 전화를 건다.

47 林(はやし)：もしもし、林(はやし)です。

48 キム：林(はやし)さん、こんにちは。

49 林(はやし)：こんにちは。今日(きょう)は 授業(じゅぎょう)、何時(なんじ)に 終(お)わりますか。

50 キム：もう 終(お)わりました。

51 林(はやし)：じゃ、これから 何(なに)を しますか。

52 キム：うーん…、家(うち)に 帰(かえ)ります。

53 林(はやし)：じゃ、家(うち)の 近(ちか)くの 店(みせ)で 一杯(いっぱい) 飲(の)みませんか。

パクさんと 三人(さんにん)で。

54 キム：ええ。飲(の)みましょう。じゃあ、家(うち)の 近(ちか)くの バス停(てい)で 電話(でんわ)します。

林　キム

林　キム

New Words

会話文

もしもし 여보세요	こんにちは 안녕하세요(낮 인사)
～に ～에	おわる(終わる) 끝나다
もう 이제/이미/벌써	これから 지금부터
～を ～을/를	する 하다
いえ·うち(家) 집	かえる(帰る) 돌아가다/돌아오다
ちかく(近く) 근처	みせ(店) 가게
～で ～에서	いっぱい 한 잔
のむ(飲む) 마시다	さんにんで(三人で) 셋이서

확인해 보자

がっこう(学校) 학교	にほんごがっこう(日本語学校) 일본어 학원
メール e-메일	かく(書く) 쓰다
テープ 테이프	きく(聞く) 듣다
ニュース 뉴스	みる(見る) 보다
ちょっと 좀/조금/잠시	やま(山) 산

잘 들어 보자

～ね ～군요/～네요/～죠	おひる(お昼) 점심

일본어로 놀자

カラオケ 가라오케(노래방)	おんせん(温泉) 온천

1 일본어의 동사

1그룹 동사 : ~u

(う단으로 끝난다. 단, る로 끝나는 동사는 る앞이 あ / う / お단이어야 한다.)

예 買(か)う(사다) 行(い)く(가다) 休(やす)む(쉬다) 始(はじ)まる(시작되다)

2그룹 동사 : ~i る / ~e る

예 起(お)きる(일어나다) 寝(ね)る(자다) 食(た)べる(먹다)

3그룹 동사 : 来(く)る(오다) する(하다) 동작성 명사 + する(~하다)

2 ~ます 정중형

1그룹 동사

	활용규칙	동사 예				
기본형	~u	かう	いく	やすむ	はじまる	ある
정중형	~iます	かいます	いきます	やすみます	はじまります	あります

2그룹 동사

	활용규칙	동사 예			
기본형	~i / e る	おきる	ねる	たべる	いる
정중형	~i / eます	おきます	ねます	たべます	います

3그룹 동사

来(く)る(오다) → 来(き)ます(옵니다)

する(하다) → します(합니다)

勉強(べんきょう)する(공부하다) → 勉強(べんきょう)します(공부합니다)

시제 활용

현재	긍정	~ㅂ니다	~ます	やすみます	たべます
	부정	~지 않습니다	~ません	やすみません	たべません
과거	긍정	~ㅆ습니다	~ました	やすみました	たべました
	부정	~지 않았습니다	~ませんでした	やすみませんでした	たべませんでした

3 [시간] に ~에

授業(じゅぎょう)は 何時(なんじ)に 始(はじ)まりますか。 수업은 몇 시에 시작됩니까?

今朝(けさ)、6時半(ろくじはん)に 起(お)きました。 오늘 아침, 6시 반에 일어났습니다.

4 [장소] へ / (に) ~(으)로/~에

これから どこへ / に 行(い)きますか。 이제부터 어디로 갑니까?

何時(なんじ)に 家(うち)へ / に 帰(かえ)りますか。 몇 시에 집에 돌아갑니까?

土曜日(どようび)も ここへ / に 来(き)ますか。 토요일도 여기에 옵니까?

5 [수단] で ~(으)로

何(なに)で 行(い)きますか。 무엇으로 갑니까?

いつもは 車(くるま)で 帰(かえ)ります。でも、昨日(きのう)は 地下鉄(ちかてつ)で 帰(かえ)りました。
평소에는 차로 돌아갑니다. 하지만, 어제는 지하철로 돌아갔습니다.

インターネットで 勉強(べんきょう)します。 인터넷으로 공부합니다.

6 ～を ～를

A : お酒を　飲みますか。 술을 마십니까?

B : いいえ、お酒は　飲みません。 아니오, 술은 마시지 않습니다.

今朝、新聞を　読みましたか。 오늘 아침에 신문을 읽었습니까?

昨日は　テレビを　見ませんでした。 어제는 TV를 보지 않았습니다.

7 [장소]で ～에서

どこで　服を　買いますか。 어디에서 옷을 삽니까?

本屋で　友達に　会います。 서점에서 친구를 만납니다.

子供の　時は、公園で　よく　遊びました。 어렸을 때는 공원에서 자주 놀았습니다.

8 ～ませんか / ～ましょう ～지 않겠습니까?/～ㅂ시다

A : 今晩、飲みませんか。 오늘밤, 한잔 하지 않겠습니까?

B : ええ。飲みましょう。 네, 한잔 합시다.

いっしょに　行きませんか。 함께 가지 않겠습니까?

今度　いっしょに　食事しませんか。 다음에 같이 식사하지 않겠습니까?

확인해 보자

1 그림을 보고 일본어로 옮기세요.

예 6時(じ)に 起(お)きます。

다음 예와 같이 문장을 만들어 보세요.(2~5 번)

2 예 何時(なんじ)・起(お)きる / 7時(しちじ)

A : 昨日(きのう)、何時(なんじ)に 起(お)きましたか。　B : 7時(しちじ)に 起(お)きました。

① 何時(なんじ)・寝(ね)る / 12 時(じゅうにじ)
② 何時(なんじ)・帰(かえ)る / 8時(はちじ)
③ 何時(なんじ)～何時(なんじ)・ 働(はたら)く / 9時(くじ)～7時(しちじ)
④ 何時(なんじ)～何時(なんじ)・勉強(べんきょう)する / 4時(よじ)～6時(ろくじ)

3 예 日本語学校(にほんごがっこう)・来(く)る / バス

A : 何(なに)で 日本語学校(にほんごがっこう)へ 来(き)ますか。　B : バスで 日本語学校(にほんごがっこう)へ 来(き)ます。

① 会社(かいしゃ)・行(い)く / バス

② デパート・行(い)く / 車(くるま)

③ 家(うち)・帰(かえ)る / バスと 地下鉄(ちかてつ)

4

예 **お酒(さけ)・飲(の)む / はい (いいえ)**

A : 昨日(きのう)、お酒(さけ)を　飲(の)みましたか。

B : はい、お酒(さけ)を　飲(の)みました。(いいえ、お酒(さけ)は　飲(の)みませんでした。)

① メール・書(か)く / はい

② テープ・聞(き)く / いいえ

③ 日本語(にほんご)・勉強(べんきょう)する / はい

④ ニュース・見(み)る / いいえ

⑤ 新聞(しんぶん)・読(よ)む / いいえ

5

예 **明日(あした)・飲(の)む / はい (いいえ)**

A : 明日(あした)、飲(の)みませんか。

B : はい → ええ、飲(の)みましょう。(いいえ → すみません。明日(あした)は　ちょっと…。)

① 映画(えいが)を　見(み)る / はい

② 山(やま)に　行(い)く / いいえ

③ 今度(こんど)　いっしょに　食事(しょくじ)する / はい

잘 들어 보자

내용을 잘 듣고 맞는 것을 고르세요.

55 1. ① 木村(きむら)さんは　家(うち)に　帰(かえ)りました。

② 木村(きむら)さんは　これから　家(うち)に　帰(かえ)ります。

③ 木村(きむら)さんは　今(いま)、ここに　います。

56 2. ① パクさんは　お昼(ひる)を　食(た)べませんでした。

② チョンさんは　お昼(ひる)を　もう　食(た)べました。

③ イさんは　お昼(ひる)を　食(た)べました。

인사말의 어원

일본어의 인사말은 어떤 과정으로 만들어진 것일까? 자주 사용되는 인사말 몇가지를 알아보자.

(1) おはよう

「おはやく(일찍)」에서 음편현상(소리를 편하게 내려는 현상)으로 「おはやう → おはよう」가 되었다. 즉, "일찍 일어나셨네요." "이르시네요."라는 말에서 만들어졌다고 볼수 있다.

(2) こんにちは

「今日(こんにち)は ご機嫌(きげん)いかがですか(오늘은 기분이 어떠세요)」등 안부를 묻는 말의 뒷부분을 생략한 형태라고 볼 수 있다. 따라서 「こんにちは」의 「は」는 조사이므로 [wa]로 발음 되는 것이다.

(3) こんばんは

「今晩(こんばん)は いい晩(ばん)ですね(오늘 밤은 좋은 밤이네요)」 등의 뒷부분을 생략한 형태이다. 따라서 「こんばんは」의 「は」도 조사이다.

(4) ありがとう

「有(あ)り難(がた)い(발생하기 어려운, 드문)」 일을 해 줘서 고맙다는 말에서 음편현상으로 「ありがたう → ありがとう」가 되었다.

한국어와 영어의 인사말의 어원은 무엇일까? 일본어와 비교해 보면 재미있지 않을까?

일본어로 놀자

アクティビティー

1 각자 자신의 다음 주 스케줄 표를 만들어 보세요.

	月	火	水	木	金	土	日
am 8							
9							
10							
11							
12							
pm 1							
2							
3							
4							
5							
6							
7							
8							
9							
10							

2 자신의 스케줄이 비어 있는 날을 택해서, 다른 학생과 약속을 잡아보세요.

〈약속내용〉

예 デパートに 行(い)く / お酒(さけ)を 飲(の)む / 食事(しょくじ)する / 映画(えいが)を 見(み)る /
コンサートに 行(い)く / カラオケに 行(い)く / 温泉(おんせん)に 行(い)く

〈질문 형태〉

토요일이 비어 있는 학생 · デパートに 行(い)く

→ 土曜日(どようび)、いっしょに デパートに 行(い)きませんか。

3 질문을 받은 학생은 자신의 스케줄을 확인하세요.

스케줄이 비어 있으면 → ええ、いっしょに 行(い)きましょう。

스케줄이 차 있으면 → すみません。その 日(ひ)は ちょっと…。

4 거절을 한다면, 그 이유에 대해 간단히 말하세요.

예 仕事(しごと)が あります / 授業(じゅぎょう)が あります / 友達(ともだち)に 会(あ)います / アルバイトを します…

UNIT
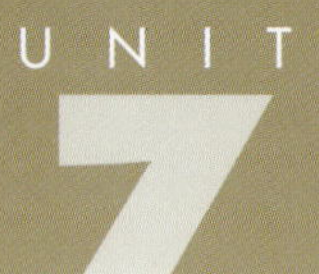

安くて おいしい 店

CD1-57

회사에서 林와 山田의 남편 이한수가 대화를 하고 있다

58 イ：もう、昼休(ひるやす)みですね。お昼(ひる)、いっしょに 食(た)べませんか。

59 林(はやし)：ええ、食(た)べましょう。

60 イ：この ビルの 地下(ちか)に 安(やす)くて おいしい 店(みせ)が ありますが、どうですか。

61 林(はやし)：いいですね。行(い)きましょう。

식당 메뉴판을 보며…

62 林(はやし)：メニューが たくさん ありますね。 この 「ナッチ」は 何(なん)ですか。

63 イ：小(ちい)さい たこです。

64 林(はやし)：そうですか。じゃ、「ナッチポックム」は どんな 料理(りょうり)ですか。

65 イ：とても 辛(から)い 料理(りょうり)ですよ。

66 林(はやし)：あ、いいですね。今日(きょう)は これを 食(た)べます。

New Words

7

会話文

ひるやすみ(昼休み) 점심 시간	やすい(安い) 싸다
おいしい 맛있다	~(です・ます)が ~지만/~인데
どうですか 어떻습니까?	いい 좋다
メニュー 메뉴	たくさん 많이
ちいさい(小さい) 작다	たこ 문어
どんな 어떤	りょうり(料理) 요리
とても 매우	からい(辛い) 맵다

확인해 보자

ところ(所) 곳	かんこくご(韓国語) 한국어
さしみ 생선회	いろ(色) 색

잘 들어 보자

あさ(朝) 아침

일본어로 놀자

かお(顔) 얼굴	まるい(丸い) 둥글다
しかくい(四角い) 네모나다	まえがみ(前がみ) 앞머리(카락)
かみ 머리카락	め(目) 눈
はな(鼻) 코	くち(口) 입

POINT

1 ～い + [명사] 명사 수식

いい 天気(てんき)ですね。 좋은 날씨네요.

毎晩(まいばん)、冷(つめ)たい ビールを 飲みます。 매일 밤, 시원한 맥주를 마십니다.

A : どんな 映画(えいが)ですか。 어떤 영화입니까?

B : おもしろい 映画(えいが)です。 재미있는 영화입니다.

2 ～い です ～니다

明日(あした)、忙(いそが)しいですか。 내일 바쁩니까?

チェジュドは 景色(けしき)が とても いいです。 제주도는 경치가 매우 좋습니다.

3 ～ い → ～ く ありません ～지 않습니다

今日(きょう)は あまり 寒(さむ)く ありませんね。 오늘은 별로 춥지 않네요.

この 服(ふく)は デザインが よく ありません。 이 옷은 디자인이 좋지 않습니다.

それも 悪(わる)く ありませんね。 그것도 나쁘지 않네요.

4 ～ い → ～ くて ～고(문장의 중지)

私(わたし)の 友達(ともだち)は 頭(あたま)が よくて かわいいです。 제 친구는 머리가 좋고 귀엽습니다 .

先生(せんせい)は 面白(おもしろ)くて 優(やさ)しい 方(かた)です。

선생님은 재미있고 자상한 분입니다.

5 [정중형]+が ~지만/~인데

ちょっと 高いですが、おいしいです。 조금 비싸지만, 맛있습니다.

ビールは 飲みますが、しょうちゅうは 飲みません。
맥주는 마십니다만, 소주는 마시지 않습니다.

イ형용사 기본형

おいしい(맛있다)	おもしろい(재미있다)	難しい(어렵다)	忙しい(바쁘다)
大きい(크다)	小さい(작다)	高い(비싸다)	安い(싸다)
寒い(춥다)	暖かい(따뜻하다)	暑い(덥다)	涼しい(시원하다)
冷たい(차갑다)	優しい(자상하다)	長い(길다)	短い(짧다)
新しい(새롭다)	古い(낡다)	悪い(나쁘다)	いい(좋다)
明るい(밝다)	暗い(어둡다)	広い(넓다)	狭い(좁다)
強い(강하다)	弱い(약하다)	きたない(더럽다)	

확인해 보자

다음 예와 같이 문장을 만들어 보세요.

1 예 本(ほん) / 難(むずか)しい

A : どんな 本(ほん)ですか。

B : 難(むずか)しい 本(ほん)です。

① 映画(えいが) / おもしろい　② 料理(りょうり) / 辛(から)い　③ 所(ところ) / 暑(あつ)い

④ 部屋(へや) / 明(あか)るい　⑤ 人(ひと) / 優(やさ)しい

2 예 キムさんの 部屋(へや)・広(ひろ)い / いいえ、あまり

A : キムさんの 部屋(へや)は 広(ひろ)いですか。

B : いいえ、あまり 広(ひろ)く ありません。

① キムさんの けいたい ・ 新(あたら)しい / いいえ、あまり

② 明日(あした)の 天気(てんき)・いい / いいえ、あまり

③ この 本(ほん)・おもしろい / はい、とても

④ 韓国語(かんこくご)・ 難(むずか)しい / はい、とても

⑤ 今日(きょう)・ 忙(いそが)しい / いいえ、あまり

3 예 きょうは 暖(あたた)かくて 天気(てんき)が いいです。
(暖(あたた)かい ＋ 天気(てんき)が いい)

① 私(わたし)の 友達(ともだち)は ________________ です。
(優(やさ)しい ＋ おもしろい)

② 私(わたし)の 部屋(へや)は ________________ です。
(広(ひろ)い ＋ 明(あか)るい)

③ この ビルは ________________ です。
(古(ふる)い ＋ きたない)

④ プサンは ________________ ところです。
(さしみが 安(やす)い ＋ おいしい)

⑤ この 服(ふく)は ________________ です。
(色(いろ)が いい ＋ かわいい)

잘 들어 보자

67 다음은 무엇을 설명하는 내용일까요? 잘 듣고 아래의 각 번호에 해당되는 그림을 골라 번호를 적어 보세요.

색깔(色)

· 형용사와 명사 두가지 표현이 있는 색

형용사 :	赤(あか)い	黄色(きいろ)い	青(あお)い	茶色(ちゃいろ)い	白(しろ)い	黒(くろ)い
명 사 :	赤(あか)	黄色(きいろ)	青(あお)	茶色(ちゃいろ)	白(しろ)	黒(くろ)

· 이 외의 색은 명사로 표현한다.

だいだい色(いろ)(オレンジ色(いろ)) 緑(みどり)(緑色(みどりいろ)) 黄緑(きみどり)(黄緑色(きみどりいろ)) 藍色(あいいろ) 紫(むらさき)(紫色(むらさきいろ))

桃色(ももいろ)(ピンク色(いろ)) 水色(みずいろ)

일본어로 놀자

アクティビティー

A 1. 관련 어구를 보며 각 항목에서 하나씩 골라 얼굴 그림을 그리세요.

2. 두 가지 사항을 한 문장으로 이어서 그린 얼굴을 설명하세요.

예 顔(かお)は 丸(まる)くて、かみは 長(なが)いです。

B 설명을 듣고 그림을 그려 보세요.
자신이 그린 얼굴과 친구가 그린 얼굴이 비슷한지 확인해 보세요.

관련 어구

① 顔(かお) : 丸(まる)い　四角(しかく)い　長(なが)い　大(おお)きい　小(ちい)さい

② 前(まえ)がみ : あります　ありません

③ かみ : 長(なが)い　短(みじか)い

④ 目(め) : 大(おお)きい　小(ちい)さい

⑤ 鼻(はな) : 高(たか)い　低(ひく)い　大(おお)きい　小(ちい)さい

⑥ 口(くち) : 大(おお)きい　小(ちい)さい

UNIT

8 とても 元気な 人です

CD1-68

김유리가 林의 가족에 대해 묻고 있다.

69 キム： 林(はやし)さんは 何人(なんにん) 家族(かぞく)ですか。

70 林(はやし)： 四人(よにん) 家族(かぞく)です。 父(ちち)と 母(はは)と 妹(いもうと)が います。

71 キム： 妹(いもうと)さんは 学生(がくせい)さんですか。

72 林(はやし)： ええ。キムさんと 同(おな)い年(どし)ですよ。

73 キム： へえ。どんな 方(かた)ですか。

74 林(はやし)： 体(からだ)は 小(ちい)さいですが、食(た)べるのが 好(す)きで、とても 元気(げんき)な 人(ひと)です。

75 キム： 食(た)べるのが 好(す)きですか。お料理(りょうり)も 上手(じょうず)ですか。

76 林(はやし)： いいえ、料理(りょうり)は あまり 上手(じょうず)じゃ ありません。

New Words

会話文

かぞく(家族) 가족
なんにんかぞく(何人家族) 몇 식구
ちち(父) 부친(겸손한 표현)
はは(母) 모친(겸손한 표현)
いもうと(妹) 여동생
いもうとさん(妹さん) 여동생분
おないどし(同い年) 동갑
からだ(体) 몸
すきだ(好きだ) 좋아하다
げんきだ(元気だ) 활달하다
じょうずだ(上手だ) 잘하다

확인해 보자

もの(物) 물건
おとこ(男) 남(성별만을 나타냄)
おとこのひと(男の人) 남자/남성
かんこく(韓国) 한국
むかし(昔) 옛날(에)

1 ～だ→[～な]＋[명사] 명사 수식

A : どんな 所(ところ)ですか。 어떤 곳입니까?

B : 有名(ゆうめい)な 所(ところ)です。 유명한 곳입니다.

すてきな 人(ひと)が いますか。 멋진 사람이 있습니까?

静(しず)かな 喫茶店(きっさてん)で コーヒーを 飲(の)みました。
조용한 찻집에서 커피를 마셨습니다.

2 ～だ→～です ～니다

お元気(げんき)ですか。 잘 있었습니까?

お仕事(しごと)、大変(たいへん)ですか。 일, 힘듭니까?

日曜日(にちようび)は 暇(ひま)です。 일요일은 한가합니다.

3 ～だ→～じゃ ありません ～지 않습니다

私(わたし)の 部屋(へや)は あまり きれいじゃ ありません。 제 방은 별로 깨끗하지 않습니다.

ハンサムじゃ ありませんが、やさしくて まじめな 人(ひと)です。
잘 생기지는 않았지만, 자상하고 성실한 사람입니다.

4 ～が すきです↔～が きらいです ～를 좋아합니다↔싫어합니다
～が じょうずです↔～が へたです 잘 합니다↔잘 못합니다

旅行(りょこう)が 好(す)きです。 여행을 좋아합니다.

歌(うた)が 上手(じょうず)です。 노래를 잘합니다.

5 ～だ → ～で　～하고(문장의 중지)

ここは 交通が **便利で**、にぎやかな ところです。
여기는 교통이 편리하고, 번화한 곳입니다.

私の 妻は **きれいで**、料理が **上手で**、優しくて、素敵な 人です。
제 처는 예쁘고, 요리를 잘하고, 착하고 매력적인 사람입니다.

6 [동사 기본형] + の　～는 것(동사의 명사구)

スポーツを **見るの**は 好きですが、**するの**は 好きじゃ ありません。
스포츠를 보는 것은 좋아하지만, 하는 것은 좋아하지 않습니다.

ナ형용사 기본형

有名だ(유명하다)
親切だ(친절하다)
まじめだ(성실하다)
元気だ(활달하다)
にぎやかだ(번화하다/활기차다)
静かだ(조용하다)
暇だ(한가하다)
きれいだ(예쁘다/깨끗하다)
便利だ(편리하다)
素敵だ(멋지다/매력적이다)
大変だ(힘들다)
ハンサムだ(잘생기다)
好きだ(좋아하다)
嫌いだ(싫어하다)
上手だ(잘하다)
下手だ(서툴다)

가족

	나의 가족	남의 가족		나의 가족	남의 가족
할아버지	祖父	おじいさん	여동생	妹	妹さん
할머니	祖母	おばあさん	남편	主人・夫	ご主人
아버지	父	お父さん	아내	家内・妻	奥さん
어머니	母	お母さん	아이	子・子供	お子さん
형/오빠	兄	お兄さん	딸	娘	娘さん/おじょうさん
누나/언니	姉	お姉さん	아들	息子	息子さん
남동생	弟	弟さん	손자/손녀	孫	お孫さん

확인해 보자

다음 예와 같이 문장을 만들어 보세요.

1

예 学校(がっこう) / 有名(ゆうめい)だ

A : どんな 学校(がっこう)ですか。

B : 有名(ゆうめい)な 学校(がっこう)です。

① 人(ひと) / まじめだ　② 所(ところ) / にぎやかだ　③ 店(みせ) / きれいだ

④ 仕事(しごと) / 大変(たいへん)だ　⑤ 物(もの) / 便利(べんり)だ

2

예 デパートの 店員(てんいん)・親切(しんせつ)だ / はい、とても

A : デパートの 店員(てんいん)は 親切(しんせつ)ですか。

B : はい、とても 親切(しんせつ)です。

① キムさんの 友達(ともだち)・ハンサムだ / はい、とても

② バスの 中(なか)・ 静(しず)かだ / いいえ、あまり

③ 明日(あした)・暇(ひま)だ / はい、とても

④ キムさんの 部屋(へや)・きれいだ / いいえ、あまり

⑤ イさん・ 歌(うた)が 上手(じょうず)だ / いいえ、あまり

예

①

②

③

④

⑤

3

예 ここは にぎやかで 有名(ゆうめい)な ところです。
(にぎやかだ + 有名(ゆうめい)だ)

① ______________________________ 男(おとこ)の人(ひと)が好(す)きです。
(親切(しんせつ)だ + おもしろい)

② 私(わたし)の 兄(あに)は ______________________________ 人(ひと)です。
(スポーツが 上手(じょうず)だ + 素敵(すてき)だ)

③ 韓国(かんこく)の 地下鉄(ちかてつ)は ______________________________ です。
(きれいだ + 便利(べんり)だ)

④ 昔(むかし)、私(わたし)は ______________________________ 子供(こども)でした。
(本(ほん)を 読(よ)むのが 好(す)きだ + 歌(うた)が 上手(じょうず)だ)

잘 들어 보자

각자의 이상형을 이야기 합니다. 해당되는 형용사의 기호를 적으세요.

a. まじめだ	b. 元気(げんき)だ	c. 静(しず)かだ	d. 小(ちい)さい	e. 短(みじか)い
f. 長(なが)い	g. かわいい	h. 優(やさ)しい	i. おもしろい	j. 上手(じょうず)

77 1. ______________________________

78 2. ______________________________

79 3. ______________________________

80 4. ______________________________

‘元気(げんき)’ 와 ‘健康(けんこう)’ 그리고 ‘うなぎ’

「元気だ」는 정신적인 면에 중점이 있고, 「健康だ」는 신체 양호한 상태에 중점이 있다. 따라서, ‘건강을 위해서~’ 라는 문장은 ‘신체 양호함을 지키기 위해서~’ 라는 뜻이기 때문에 「健康のために ~」로 하는 것이 좋다. 건강을 위해서 먹는 음식은 다양하지만, 여름 건강을 지키기 위해서 먹는 음식으로 한국에 복날의 삼계탕이나 보신탕이 있다면, 일본에는 土用丑の日에 먹는 장어(うなぎ)가 있다. 「土用」란 입춘/입하/입추/입동 전 18일간을 말하는데, 입추 전 18일간의 土用기간 중 丑の日(12간지의 두 번째 날) 에 うなぎ를 먹기 시작하면서 土用라고 하면 주로 입추 전의 날을 말하게 되었다. うなぎ를 먹게 된 설로는 여러 가지가 있는데, 江戸시대에 장사가 잘 되지 않았던 うなぎ屋가 만물박사로 알려져있던 平賀源内에게 상의한 결과 「丑の日」에 「う」로 시작하는 음식을 먹으면 좋다는 민간전승에서 힌트를 얻어 광고를 내게 되었는데, 만물박사가 하는 말이니 믿어보자는 서민들로 인해 장사가 잘 되었고 다른 うなぎ屋도 이를 따라하면서 정착하게 된 것이라고 한다. 이 외에도 여러 가지 설이 있고 이를 뒷받침 해 주는 근거도 많기 때문에, 현재까지 내려오고 있는 것이 아닐까.

일본어로 놀자

アクティビティー

1 학생들은 각자 아래와 같은 문장으로 좋아하는 것, 싫어하는 것, 잘하는 것, 서툰 것, 그리고 자신의 성격을 적으세요.

① ～が 好(す)きです。　② ～が 嫌(きら)いです。　③ ～が 上手(じょうず)です。
④ ～が 下手(へた)です。　⑤ 私(わたし)は ～人(ひと)です。

2 다 적었으면, 종이에 이름을 쓰고 담당 선생님께 제출하세요.

3 선생님이 한 장씩 읽어 주세요.

4 학생들은 선생님이 말한 학생이 누구인지 맞춰 보세요. 이때 본인은 조용히 있거나 연막작전을 피세요.

머리에 쏘옥 ~ 그림으로 익히는 일본어

公園(こうえん) 공원

信号(しんごう) 신호

交差点(こうさてん) 교차점

道路(どうろ) 도로

横断歩道(おうだんほどう) 횡단보도

알아둡시다

방향과 관계있는 말

東(とう/ひがし) 동쪽	*西(せい/にし) 서쪽	南(なん/みなみ) 남쪽	北(ほく/きた) 북쪽
前(まえ) 앞	後ろ(うしろ) 뒤	左(ひだり) 왼쪽	右(みぎ) 오른쪽
上(うえ) 위	下(した) 아래	横(よこ) 옆	中(なか) 가운데

*西는 東西의 경우 とうざい라 읽고, 北는 南北의 경우 なんぼく라고 읽는다. 그래서 東西南北은 とうざいなんぼく라고 읽게 된다.

どうろ こうつうびん
道路と交通便 도로와 교통편

バス 버스

タクシー 택시

じどうしゃ くるま
自動車／車 자동차

ひこうき
飛行機 비행기

オートバイ 오토바이

じてんしゃ
自転車 자전거

ふね
船 배

でんしゃ
電車 전철

きしゃ
汽車 기차

UNIT

漫画の 方が おもしろかったです

CD1-81

林와 박준이 어렸을 적 이야기를 하고 있다.

82 林(はやし)：もう すぐ 子供(こども)の 日(ひ)ですね。パクさんは 小(ち)さい 時(とき)、どんな 子供(こども)でしたか。

83 パク：私(わたし)ですか。そりゃあ 元気(げんき)で、かわいくて、何(なん)でも 上手(じょうず)な 子供(こども)でしたよ。

84 林(はやし)：はい、はい。私(わたし)は 漫画(まんが)を 読(よ)むのが 好(す)きで、静(しず)かな 子供(こども)でした。

85 パク：そうでしたか。林(はやし)さんは 漫画(まんが)と アニメと どちらが 好(す)きでしたか。

86 林(はやし)：漫画(まんが)の 方(ほう)が 好(す)きでした。

子供(こども)の 時(とき)は アニメより 漫画(まんが)の 方(ほう)が おもしろかったです。

87 パク：そうでしたか。私(わたし)は 家(うち)で 遊(あそ)ぶのは 好(す)きじゃ ありませんでした。

外(そと)で 遊(あそ)ぶのが いちばん 楽(たの)しかったです。

New Words

会話文

もうすぐ 금방/곧	**ちいさいとき(小さい時)** 어렸을 때
そりゃあ 그야(물론)	**なんでも(何でも)** 뭐든지
まんが(漫画) 만화	**アニメ** 애니메이션
ほう(方) 쪽	**より** ~보다
いちばん 제일	**たのしい(楽しい)** 즐겁다

확인해 보자

たべもの(食べ物) 음식	**ぶっか(物価)** 물가
にほん(日本) 일본	**おちゃ(お茶)** 차(주로 녹차)
いちねん(一年) 일년	**かしゅ(歌手)** 가수

잘 들어보자

まえ(前) 전에

일본어로 놀자

~かん(間) ~간	**[사람]と** ~와(함께)

1 ～い → ～かったです　イ형용사의 과거 긍정

今日(きょう)は　とても　楽(たの)しかったです。오늘은 굉장히 즐거웠습니다.

昨日(きのう)の　合(ごう)コン、よかったですか。어제 미팅, 좋았습니까?

2 ～い → ～く ありませんでした　イ형용사의 과거 부정

昨日(きのう)の　映画(えいが)は　あまり　おもしろく　ありませんでした。

어제 영화는 별로 재미있지 않았습니다.

先週(せんしゅう)は　天気(てんき)が　よく　ありませんでした。지난 주는 날씨가 좋지 않았습니다.

3 ～だ → ～でした　ナ형용사의 과거 긍정

A : ホテルは　どうでしたか。호텔은 어땠습니까?

B : 静(しず)かで、とても　きれいでした。조용하고, 아주 깨끗했습니다.

4 ～だ → ～じゃ　ありませんでした　ナ형용사의 과거 부정

今(いま)は　キムチが　好(す)きですが、昔(むかし)は　好(す)きじゃ　ありませんでした。

지금은 김치를 좋아하지만, 옛날에는 좋아하지 않았습니다.

5 ～と ～と どちらが ～か ～랑 ～랑 어느 쪽이 ～까?
～の 方が ～ ～쪽이～ 더

A : 韓国料理と 日本料理と どちらが 好きですか。
　한식이랑 일식이랑 어느 쪽을 좋아합니까?

B : 韓国料理の 方が 好きです。 한식을 더 좋아합니다.

A : 韓国では、ホテルと 旅館と どちらが 安いですか。
　한국에서는 호텔이랑 여관이랑 어느 쪽이 쌉니까?

B : 旅館の 方が 安いです。 여관이 더 쌉니다.

6 ～で [의문사] が いちばん ～ か ～에서 ～가 가장～까?

▶ [의문사] → なに / だれ / どこ / どれ / いつ

A : 日本で どこが いちばん にぎやかですか。
　일본에서 어디가 가장 번화합니까?

B : 東京が いちばん にぎやかです。 도쿄가 가장 번화합니다.

A : 日本料理の 中で 何が いちばん 有名ですか。
　일식 중에선 뭐가 가장 유명합니까?

B : すしが いちばん 有名です。 초밥이 가장 유명합니다.

7 [의문사] ＋ でも ～든지

何でも いいですよ。 뭐든지 좋습니다.

どこでも かまいません。 어디든지 상관없습니다.

だれでも(누구든지)　どれでも(어느 것이든지)　いつでも(언제든지)

확인해 보자

다음 예와 같이 문장을 만들어 보세요.

1

예 旅行・楽しい / はい、とても

A : 旅行は 楽しかったですか。

B : はい、とても 楽しかったです。

① 交通・便利だ / いいえ、あまり

② 食べ物・おいしい / はい、とても

③ 物価・安い / いいえ、あまり

④ ホテル・きれいだ / はい、とても

⑤ 昨日・忙しい / いいえ、あまり

⑥ 仕事・大変だ / いいえ、あまり

2

예 日本語・英語・難しい / 英語

A : 日本語と 英語と どちらが 難しいですか。

B : 英語の 方が 難しいです。

① 日本語・英語・上手だ / 英語

② 日本・韓国・寒い / 韓国

③ ビール・しょうちゅう・好きだ / ビール

④ コーヒー・お茶・いい / コーヒー

⑤ 地下鉄・バス・便利だ / バス

3

예 韓国・どこ・きれいだ

→ 韓国で どこが いちばん きれいですか。

① 一年の 中・いつ・忙しい

② 韓国料理の 中・何・おいしい

③ スポーツの 中・何・得意だ

④ 歌手の 中・誰・好きだ

⑤ この 中・どれ・いい

잘 들어 보자

내용을 잘 듣고 다음 질문에 답하세요.

88 1. どちらが おもしろいですか。

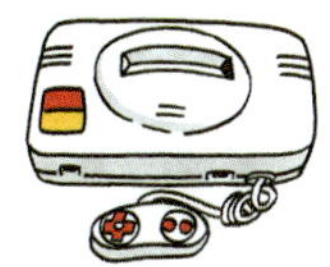

89 2. どちらが 便利(べんり)ですか。

90 3. 今(いま)は どちらが 好(す)きですか。

91 4. 今(いま)は どちらが 下手(へた)ですか。

92 5. どちらが いいですか。

일본어로 놀자

アクティビティー

지금까지 다녀온 여행 중에 하나를 선택해 아래 순서대로 작문을 해 보고, 그것을 가지고 친구들과 이야기해 보세요.

작문 순서 ➡ ① いつ、どこを 旅行(りょこう)しましたか。

② 何日間(なんにちかん)でしたか。

③ 誰(だれ)と 旅行(りょこう)しましたか。

④ 何(なに)で 行(い)きましたか。

⑤ 食(た)べ物(もの)は どうでしたか。

⑥ そこで 何(なに)を しましたか。

⑦ 何(なに)が いちばん よかったですか。

UNIT

10 ゆっくり　休みたいです

CD2-01

박준과 林가 여름 방학 계획을 세우고 있다.

02 パク：会社の　夏休みは　いつからですか。

03 林：再来週の　土曜日からです。

04 パク：私と　同じですね。どこか　遊びに　行きませんか。

05 林：行きたいです。キムさんも　さそいませんか。

06 パク：ええ、そうしましょう。どんな　所が　いいですか。

07 林：うーん。静かな　所が　いいですね。

きれいな　自然の　なかで、ゆっくり　休みたいです。

08 パク：いいですね。

09 林：おいしい　焼き肉と　冷たい　ビールも　ほしいですね。

10 パク：じゃ、山で　キャンプを　するのは　どうですか。

11 林：あ、それ、いいですね。

New Words

会話文

かいしゃ(会社) 회사
さらいしゅう(再来週) 다다음주
さそう (함께하기를)권유하다
しぜん(自然) 자연
ゆっくりやすむ(ゆっくり休む) 느긋하게 쉬다
キャンプ 캠프
なつやすみ(夏休み) 여름 방학
おなじだ(同じだ) 같다(동일하다)
そう 그렇게
ゆっくり 느긋하게/천천히
やきにく(焼き肉) 불고기

확인해 보자

にんぎょう(人形) 인형
ビデオ 비디오
かえす(返す) 반납하다/돌려주다
おかねをおろす(お金を下ろす) (계좌에서)돈을 뽑다
サッカー 축구
ゲーム・ソフト 게임 소프트
いちにちじゅう(一日中) 하루종일
かりる(借りる) 빌리다
おろす(下ろす) 아래로(내리다)
おみまい(お見舞い) 병문안
やまのぼり(山登り) 등산
しあい(試合) 시합

잘 들어 보자

いろいろだ(色々だ) 여러가지다
まず 우선
だす(出す) 내다/꺼내다
それから 그리고나서
こと 일/사항
てがみ(手紙) 편지
ゆうびんきょく(郵便局) 우체국
すぐ 곧바로
あと(後) 후

일본어로 놀자

さんぽ(散歩) 산책
ハイキング 하이킹
すいぞくかん(水族館) 수족관
おしばい(お芝居) 연극
イタリアン 이탈리안
カクテル 칵테일
じてんしゃ(自転車) 자전거
ゆうえんち(遊園地) 유원지
びじゅつかん(美術館) 미술관
ちゅうごく(中国) 중국
フランス 프랑스

1 ～が ほしい　～이/가 갖고 싶다(～를 원한다)

私は お金は あまり ほしく ありません。時間が ほしいです。
저는 돈은 별로 갖고 싶지 않습니다. 시간을 갖고 싶습니다.

子供の 時は、ペットが とても ほしかったです。
어렸을 때는 애완동물이 너무 갖고 싶었습니다.

2 [동사 ます형] + たい　～고 싶다

おなかが すきました。何か 食べたいですね。
배가 고픕니다. 뭔가 먹고 싶군요.

学生の 時は、早く 卒業したかったです。
학생 때는 빨리 졸업하고 싶었습니다.

冷たい ビールが 飲みたいです。
찬 맥주가 마시고 싶습니다.

週末は、どこへも 行きたく ありません。家で ゆっくり 休みたいです。
주말에는 아무데도 가고 싶지 않아요. 집에서 느긋하게 쉬고 싶습니다.

3 [동사 ます형] + に 行く(帰る・来る)　～하러 가다(돌아가다/오다)

どこか 遊びに 行きませんか。
어딘가 놀러 가지 않겠습니까?

忘れ物を 取りに 帰ります。
(집에) 두고 온 물건을 가지러 돌아갑니다.

ここへ 何を しに 来ましたか。
여기에 무엇을 하러 왔습니까?

4 [동작성 명사] + に 行く(来る) ~하러 가다(돌아 가다/오다)

いっしょに **食事(しょくじ)に 行(い)きませんか。**

함께 식사하러 가지 않을래요?

今年(ことし)の 夏休(なつやす)みには、日本(にほん)へ **旅行(りょこう)に 行(い)きたいです。**

올해 여름 방학 때는 일본으로 여행가고 싶습니다.

来週(らいしゅう)から **出張(しゅっちょう)に 行(い)きます。**

다음 주부터 출장갑니다.

昨日(きのう)、デパートへ **買(か)い物(もの)に 行(い)きました。**

어제 백화점에 쇼핑하러 갔습니다.

お祭(まつ)り

우리나라는 조상을 섬기는 행사를 차례나 제사 등 가족단위로 하지만, 일본은 지역 단위로 조상 및 그 지역 신을 섬기는 행사를 연다. 이를 お祭り라고 한다. お祭り는 각 지역마다 날짜도 형식도 다른데, 조상과 신을 섬기는 행사와 더불어 지역 주민이 함께 즐길 수 있는 행사도 있다.

확인해 보자

다음 예와 같이 문장을 만들어 보세요.

1 예 新(あたら)しい 車(くるま)

Q：今(いま)、何(なに)が ほしいですか。

A：新(あたら)しい 車(くるま)が ほしいです。

①  パソコン

②  時間(じかん)

③ 仕事(しごと)

④  お金(かね)

⑤  恋人(こいびと)

2 예 テレビゲーム

Q：子供(こども)の 頃(ころ)、何(なに)が ほしかったですか。

A：テレビゲームが ほしかったです。

① 人形(にんぎょう)　② 弟(おとうと)　③ 私(わたし)の 部屋(へや)　④ ペット

3 예 一日中(いちにちじゅう) 寝(ね)る

Q：休(やす)みの 日(ひ)に 何(なに)が したいですか。

A：一日中(いちにちじゅう) 寝(ね)たいです。

① おいしい 物(もの)を 食(た)べる　② 映画(えいが)を 見(み)る　③ 恋人(こいびと)に 会(あ)う

④ 漫画(まんが)を 読(よ)む　⑤ 旅行(りょこう)に 行(い)く

4 예 お昼(ひる)を食(た)べる

A：お出(で)かけですか。

B：はい、お昼(ひる)を　食(た)べに　行(い)きます。

① ビデオを　借(か)りる　② 本(ほん)を　返(かえ)す　③ お金(かね)を　下(お)ろす　④ 友達(ともだち)の　お見舞(みま)い

5 예 山登(やまのぼ)り

A：明日(あした)、山登(やまのぼ)りに　行(い)きませんか。

B：いいですね。行(い)きましょう。

① 買(か)い物(もの)　② お酒(さけ)を　飲(の)む　③ 映画(えいが)を　見(み)る　④ おいしい　物(もの)を　食(た)べる

6 예 旅行(りょこう)

日本(にほん)へ　旅行(りょこう)に　行(い)きたいです。

① サッカーの　試合(しあい)を　見(み)る　② おいしい　ラーメンを　食(た)べる
③ ゲーム・ソフトを　買(か)う　④ 友達(ともだち)に　会(あ)う

잘 들어 보자

내용을 잘 듣고 예와 같이 답해 보세요.

12 예 郵便局(ゆうびんきょく)で 手紙(てがみ)を 出(だ)しました。

図書館(としょかん)で ______________________ました。

喫茶店(きっさてん)で ______________________ ました。

デパートで ______________________ました。

友達(ともだち)の 家(いえ)で ______________________ました。

일본의 대중매체

· 일본의 신문

読売新聞(よみうりしんぶん)、朝日(あさひ)新聞、毎日(まいにち)新聞、日本経済(にほんけいざい)新聞、産経(さんけい)新聞

· 일본의 방송

朝日放送(あさひほうそう)(ABC)、中部日本(ちゅうぶにほん)放送(CBC)、テレビ朝日、テレビ東京(とうきょう)、東京放送 (TBS)、日本テレビ放送網(もう)(NTV)、日本放送協会(きょうかい)(NHK)、フジテレビ

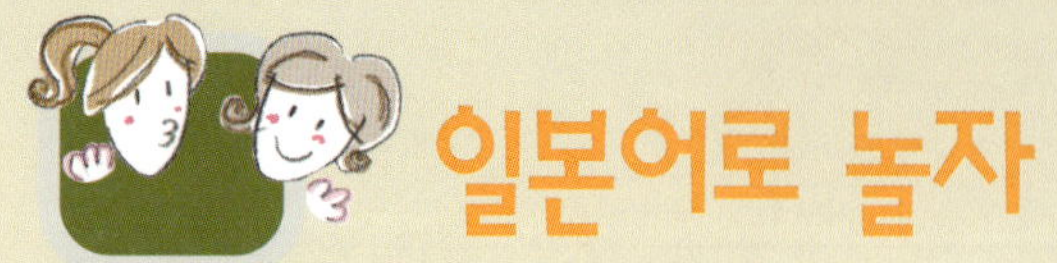

일본어로 놀자

アクティビティー

지도

1 둘씩 짝을 만드세요.

2 학생 A는 그날 하고 싶은 것을 아래에서 골라 순서에 상관없이 이야기하세요.

예 散歩したいです。	예 映画を 見に 行きたいです。
散歩する·買い物する	① 見る:映画·ミュージカル·お芝居
自転車で ハイキングを する	② 食べる: 日本料理·韓国料理·中国料理·イタリアン·フランス料理
遊園地に 行く·コンサートに 行く	③ 飲む:おいしい コーヒー·お酒·カクテル
水族館に 行く·美術館に 行く	

3 학생 B는 지도를 보면서 거리와 시간을 생각하면서 데이트 코스를 짜세요.

예 まず、買い物に 行きましょう。それから、…

UNIT

11 プレゼントを　あげます

CD2-13

林와 山田의 남편 이한수가 집 앞에서 만나 이야기를 하고 있다.

14 林(はやし)：それ、何(なん)ですか。

15 イ　：プレゼントです。親戚(しんせき)に　もらいました。

16 林(はやし)：誕生日(たんじょうび)でしたか。

17 イ　：いいえ、韓国(かんこく)では　チュソクに、親戚(しんせき)や　知(し)り合(あ)い　などに

プレゼントを　あげます。

18 林(はやし)：あ！ 日本(にほん)の　お中元(ちゅうげん)と　同(おな)じですね。

19 イ　：そうですか。日本(にほん)では　何(なに)を　あげますか。

20 林(はやし)：缶詰(かんづ)めや　ハム　などを　あげます。

イ　林

イ　林

New Words

会話文

プレゼント 선물
しんせき(親戚) 친척
おちゅうげん(お中元) 음력7월15일, 조상을 기리는 날
～や ～(이)나
チュソク 추석
しりあい(知り合い) 아는 사람
かんづめ(缶詰め) 통조림
ハム 햄
～など ～등

확인해 보자

ネックレス 목걸이
こうすい(香水) 향수

잘 들어 보자

ふうふ(夫婦) 부부
にほんしゅ(日本酒) 일본 술, 정종
ただいま 다녀왔습니다(인사말)
わるいですね(悪いですね) 미안하네요
ワイン 와인
おかし(お菓子) 과자
このまえ(この前) 저번에

일본어로 놀자

ステレオ 스테레오

1 ～に ～を あげる　(다른 사람)에게 ～를 주다

私(わたし)は 母(はは)に カーネーションと きれいな カードを あげました。
저는 어머니에게 카네이션과 예쁜 카드를 주었습니다.

恋人(こいびと)に 手作(てづく)りの ケーキを あげたいです。
애인에게 직접 만든 케이크를 주고 싶습니다.

2 ～に(から) ～を もらう　(다른 사람)에게서 ～를 받다

高校生(こうこうせい)の 時(とき)まで、私(わたし)は 母(はは)に お小遣(こづか)いを もらいました。
고등학교때까지, 저는 어머니에게서 용돈을 받았습니다.

キムさんは 会社(かいしゃ)から ボーナスを もらいました。
김○○ 씨는 회사로부터 보너스를 받았습니다.

3 ～に ～を くれる　(다른 사람이 나 또는 우리 그룹)에게 ～를 주다

昨日(きのう)、友達(ともだち)が (私(わたし)に) 映画(えいが)の チケットを くれました。
어제, 친구가 (나에게)영화 티켓을 주었습니다.

友達(ともだち)が 私(わたし)の妹(いもうと)に 人形(にんぎょう)を くれました。
친구가 내 여동생에게 인형을 주었습니다.

あげる [다른 사람에게] 주다
もらう [다른 사람에게서] 받다
くれる [다른 사람이 나 또는 우리 그룹에게] 주다

1. 〔나 ↔ 남〕

私(わたし)は －（本(ほん)を　あげる）→ 田中(たなか)さん
나는　책을 준다　다나카 씨(에게)

私(わたし)は ←（花(はな)を　もらう）－ 田中(たなか)さん
나는　꽃을 받는다　다나카 씨(에게서)

田中(たなか)さんは －（花(はな)を　くれる）→ 私(わたし)
다나카 씨는　꽃을 준다　나(에게)

2. 〔우리 그룹 ↔ 남〕

私(わたし)の　弟(おとうと)は －（CDを　あげる）→ 田中(たなか)さん
내 남동생은　CD를 준다　다나카 씨(에게)

私(わたし)の　弟(おとうと)は ←（ペンを　もらう）－ 田中(たなか)さん
내 남동생은　펜을 받는다　다나카 씨(에게서)

田中(たなか)さんは －（ペンを　くれる）→ 私(わたし)の　弟(おとうと)
다나카 씨는　펜을 준다　내 남동생(에게)

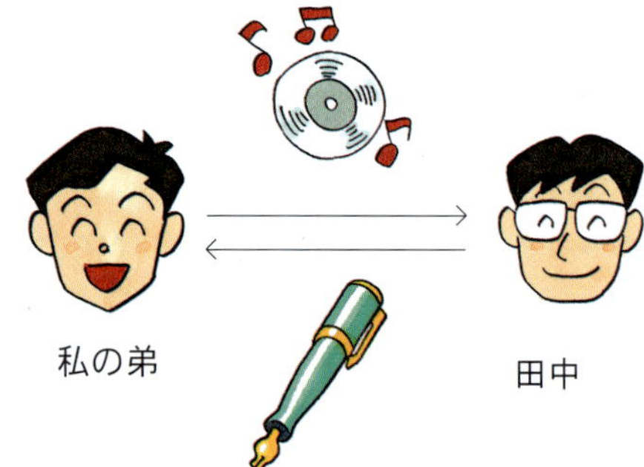

3. 〔남 ↔ 남〕

キムさんは －（ネクタイを　あげる）→ 田中(たなか)さん
김○○ 씨는　넥타이를 준다　다나카 씨(에게)

田中(たなか)さんは ←（ネクタイを　もらう）－ キムさん
다나카 씨는　넥타이를 받는다　김○○ 씨(에게서)

확인해 보자

1 다음 그림을 보고 예와 같이 ① ~ ⑨번의 문장을 완성하세요.

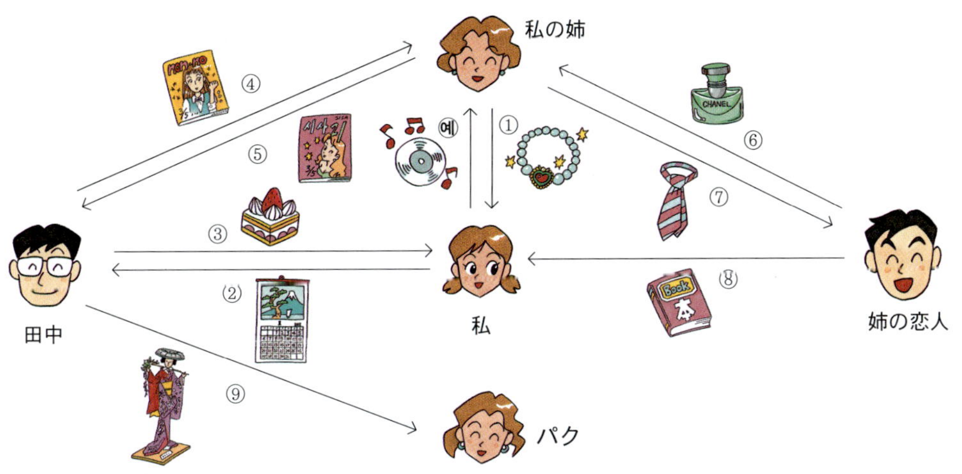

예 私(わたし)は 姉(あね)に CDを あげました。

① ② ③
④ ⑤ ⑥
⑦ ⑧ ⑨

2 당신이 1번 그림의 「私(わたし)」가 되어서 대답해 보세요.

예 ネックレスは 誰(だれ)が くれましたか。 ➡ 姉(あね)が くれました。

① ケーキは 誰(だれ)に もらいましたか。 ➡ ______________________________。

② 本(ほん)は 誰(だれ)が くれましたか。 ➡ ______________________________。

③ 誰(だれ)が あなたの お姉(ねえ)さんに 日本(にほん)の 雑誌(ざっし)を くれましたか。

➡ ______________________________。

④ お姉(ねえ)さんの 恋人(こいびと)は 誰(だれ)に ネクタイを もらいましたか。

➡ ______________________________。

⑤ 誰(だれ)が あなたの お姉(ねえ)さんに 香水(こうすい)を くれましたか。

➡ ______________________________。

잘 들어 보자

이씨 부부가 받은 선물과 준 선물을 상대방과 연결해서 화살표로 표시하세요.

	• ワイン •	
	• 日本酒(にほんしゅ) •	• 田中(たなか)さん
イさん夫婦(ふうふ) •	• 和菓子(わがし) •	• 林(はやし) さん
	• 韓国(かんこく)のお菓子(かし) •	
	• カルビ •	• 中野(なかの)さん

일본어로 놀자

アクティビティー

당신은 일본으로 유학을 갈 예정입니다.
같은 반 친구들에게 선물로 무엇을 받고 싶습니까?

1 학생 A 는 받고 싶은 것을 메모하여 그것을 선생님에게 전달하세요.

2 학생 A 는 자신이 갖고 싶은 것에 대해 친구들에게 힌트를 주세요.

예 私(わたし)は 音楽(おんがく)を 聞(き)くのが 好(す)きです。
暇(ひま)な 時(とき)は 部屋(へや)で 音楽(おんがく)を 聞(き)きます。

3 다른 학생들은 그것을 힌트삼아 학생A가 받고 싶어하는 것을 추측해서 말해 보세요.

예 私(わたし)は 학생A さんに ステレオを あげたいです。

4 다른 학생들이 모두 말하면, 선생님이 학생 A 에게 물어 보세요.

예 학생A さんは 何(なに)を もらいたいですか。

5 학생 A 는 친구들에게 정답을 말해 주세요.

예 私(わたし)は__________を もらいたいです。

6 맞춘 학생에게는 1 점이 추가됩니다.

7 다른 학생들도 같은 방법으로 진행하며, 점수를 가장 많이 얻은 사람이 승자가 됩니다.

UNIT

12 雨(あめ)が 降(ふ)って いますね

CD2-22

박준이 林의 사무실에 가기 위해, 林의 사무실에 전화를 하고 있다.

23 パク：もしもし、林(はやし)さん？ パクです。

24 林(はやし)：ああ、パクさん。今(いま)、駅(えき)ですか。

25 パク：はい、今(いま)、1番(いちばん) 出口(でぐち)に います。

26 林(はやし)：じゃ、2番(にばん) 出口(でぐち)まで 行(い)って ください。

27 パク：2番(ばん) 出口(でぐち)…。あ、ありました。

28 林(はやし)：じゃ、そこを 出(で)て、まっすぐ 歩(ある)いて ください。

29 パク：はい。あれ？ 雨(あめ)が 降(ふ)って いますね。

30 林(はやし)：傘(かさ)、ありますか。

31 パク：いいえ、ありません。

32 林(はやし)：そうですか。じゃ、そこで 少(すこ)し 待(ま)って いて ください。
迎(むか)えに 行(い)きますから。

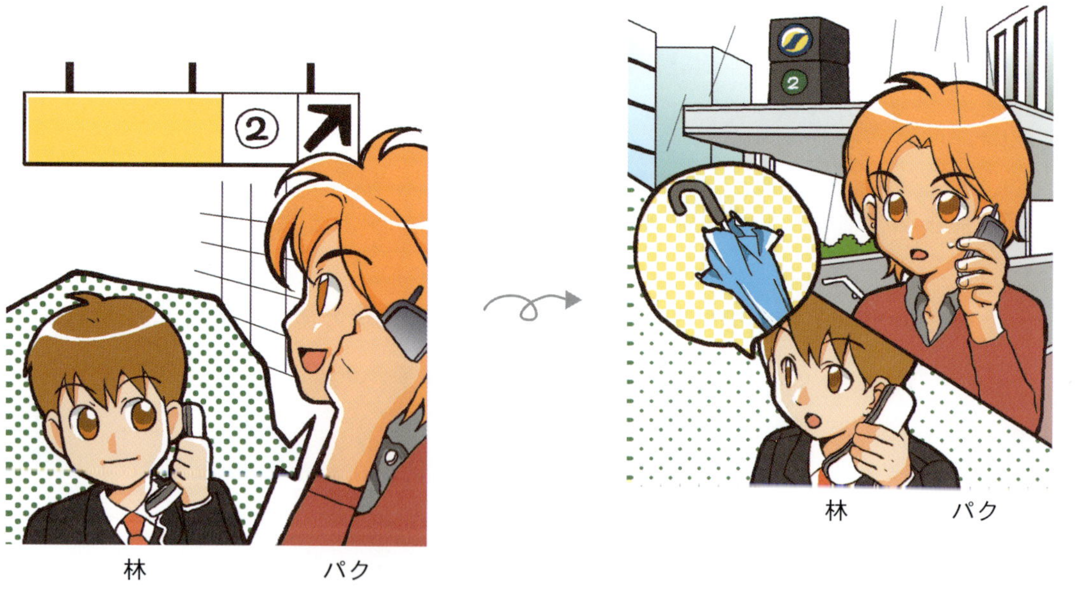

林　パク

林　パク

New Words

会話文

～ばん(番) ～번
でる(出る) 나가다/나오다
あるく(歩く) 걷다
ふる(降る) 내리다
すこし(少し) 조금
むかえる(迎える) 맞이하다
でぐち(出口) 출구
まっすぐ 곧장
あめ(雨) 비
あめが ふる(雨が 降る) 비가 오다
まつ(待つ) 기다리다
むかえに いく(迎えに 行く) 마중가다

확인해 보자

おしえる(教える) 가르치다
あける(開ける) 열다
てつだう(手つだう) 거들다/돕다
さら(皿) 접시
さらを あらう(皿を 洗う) 설겆이하다
つかれる(疲れる) 피곤하다
いっぱい 가득
つかう(使う) 사용하다
まだ 아직
ごはん(ご飯) 밥
くだもの(果物) 과일
まど(窓) 창문
かす(貸す) 빌려주다
いそぐ(急ぐ) 서두르다
あらう(洗う) 씻다
しけん(試験) 시험
いたい(痛い) 아프다
くすり(薬) 약
みせる(見せる) 보여 주다
そうじ(掃除) 청소
つくる(作る) 만들다

잘 들어 보자

アンケート 앙케이트
おんな(女) 여(성별만 나타냄)
ピンク 핑크
スカート 스커트
ベルト 밸트
もつ(持つ) 들다
バラ 장미
まもる(守る) 지키다
まいあさ(毎朝) 매일 아침
おなまえ(お名前) 성함
シャツ 셔츠
はく (하의를)입다/신다
サンダル 샌들
ピアス 피어스
はなたば(花束) 꽃다발

일본어로 놀자

～め(目) ～째
まがる(曲がる) 돌다
こうじ(工事) 공사
かど(角) 모퉁이
みち(道) 길
デモ 데모
みぎ(右) 오른편
こむ(込む) 붐비다
じこ(事故) 사고
ひだり(左) 왼편

1 동사 て형

1그룹 동사	あう → あって	しぬ → しんで	2그룹 동사	みる → みて
	まつ → まって	のむ → のんで		たべる → たべて
	とる → とって	あそぶ → あそんで		
	かく → かいて		3그룹 동사	くる → きて
	およぐ → およいで	はなす → はなして		する → して
	＊いく → いって			べんきょうする → べんきょうして

2 [동사 て형]　～て(で)、～　　～고 ～

朝(あさ) 起(お)きて、シャワーを 浴(あ)びて、すぐ 家(いえ)を 出(で)ました。

아침에 일어나서, 샤워를 하고, 곧바로 집을 나왔습니다.

今日(きょう)は 家(いえ)に 帰(かえ)って、すぐ 寝(ね)たいです。

오늘은 집에 돌아가서 곧장 자고 싶습니다.

3 [동사 て형]　～て(で)から、～　　～고 나서 ～

コーヒーを 一杯(いっぱい) 飲(の)んでから、仕事(しごと)を 始(はじ)めます。

커피를 한 잔 마시고 나서, 일을 시작합니다.

車(くるま)を 止(と)めてから、私(わたし)も 行(い)きます。

차를 세우고 나서, 저도 갑니다.

4 [동사 て형] ～て(で)ください ～해 주세요, ～하세요

資料(しりょう)は メールで 送(おく)って ください。
자료는 메일로 보내주세요.

テキストを 読(よ)んで ください。
교재를 읽어주세요.

5 [동사 て형] ～て(で)いる ～고 있다

A : 田中(たなか)さんが いませんね。
다나카 씨가 없군요.

B : 田中(たなか)さんは 外(そと)で たばこを 吸(す)って いますよ。
다나카씨는 밖에서 담배를 피우고 있습니다.

今日(きょう)は スーツを 着(き)て いますね。お見合(みあ)いですか。
오늘은 정장을 입고 있네요. 선 보십니까?

6 [정중형] + から ～기 때문에

昨日(きのう)は いい 天気(てんき)でしたから、散歩(さんぽ)を しました。
어제는 좋은 날씨였기 때문에, 산책했습니다.

今(いま)、プリントして いますから、ちょっと 待(ま)って ください。
지금, 인쇄하고 있으니까, 잠시 기다려 주세요.

확인해 보자

다음 예와 같이 문장을 만들어 보세요.

1

예　ここを 教(おし)える

すみません。ここを 教(おし)えて ください。

① 窓(まど)を 開(あ)ける　② その ペンを 貸(か)す　③ ちょっと 手伝(てつだ)う

④ 急(いそ)ぐ　⑤ ここで 待(ま)って いる

2

A：もしもし、何(なに)を して いましたか。
B：勉強(べんきょう)して いました。

예

❶

❷

❸

❹

3 다음 보기에서 밑줄에 들어갈 알맞은 말을 고르세요.

보기			
	예 <u>試験(しけん)が あります</u>	とても 疲(つか)れました	頭(あたま)が 痛(いた)いです
	時間(じかん)が ありません	お腹(なか)が いっぱいです	お金(かね)が ありません

예 明日(あした)、試験(しけん)が ありますから、今日(きょう)は 遊(あそ)びに 行(い)きません。

① ________________から、急(いそ)いで ください。

② ________________から、もう 食(た)べたく ありません。

③ ________________から、薬(くすり)を 飲(の)みました。

④ ________________から、どこも 行(い)きません。

⑤ ________________から、家(いえ)で 休(やす)みたいです。

4 다음 예와 같이 문장을 만드세요.

> **예** ここを 教(おし)える / とても 急(いそ)ぐ
>
> A: すみませんが、ここを 教(おし)えて ください。
>
> B: すみません。とても 急(いそ)いで いますから、今(いま)は ちょっと…。

① ペンを 一本(いっぽん) 貸(か)す / 私(わたし)も 使(つか)う　② その 新聞(しんぶん)を 見(み)せる / まだ 読(よ)む

③ 部屋(へや)の 掃除(そうじ)を 手伝(てつだ)う / ご飯(はん)を 作(つく)る　④ この 果物(くだもの)を 洗(あら)う / 皿(さら)を 洗(あら)う

東京の地下鉄(ちかてつ)・電車(でんしゃ)

일본에서는 지하철이나 전철 안에서의 에티켓을 잘 지킨다. 휴대폰으로의 통화 금지, 다리 벌려 앉지 말기, 배낭을 옆으로 메기 등이다. 크게 이야기하는 사람도 드물다. 잘 지켜지는 이유는 내가 배려 받고 싶은 만큼, 남을 배려하는 마음도 잊지 않기 때문이 아닐까?

잘 들어 보자

33 1. 내용을 잘 듣고 순서대로 적으세요.

34 2. 결혼정보센터에서 오늘 다나카 씨와 선을 볼 상대 여성의 옷차림새를 설명합니다.
다음 중 누구와 선을 볼까요?

アクティビティー

まっすぐ 行く

一つ 目の 角

二つ 目の 角

角を 右に 曲がる

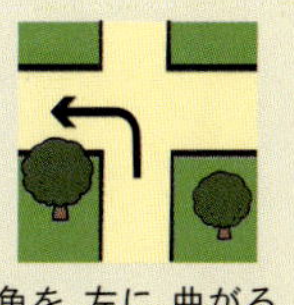
角を 左に 曲がる

학생 A

당신은 컴퓨터 자동차에 탑승해 있습니다. 목적지까지 가는 방법을 말해 주세요. 한꺼번에 말하지 말고, 여러 번으로 나눠서 알려 주세요.

예 一つ 目の 角まで まっすぐ 行って ください。

도로 사정이 좋으면 컴퓨터가「はい、一つ 目の 角まで まっすぐ 行きます。」라고 반복하지만, 도로 사정이 안 좋으면, 다른 길을 요구할 것입니다. 그러면 다른 길을 찾아 알려 주세요.

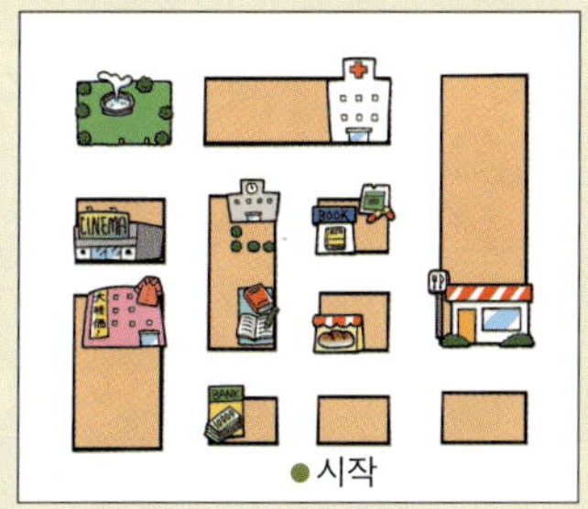

학생 B

당신은 자동차의 컴퓨터입니다. 탑승자(학생 A)가 알려주는 방향을 잘 듣고 목적지까지 가세요. 아래의 지도를 보고 도로 사정이 좋으면「はい、一つ 目の 角まで まっすぐ 行きます。」라고 말해 주세요. 그러나, 도로 사정이 안 좋으면 그 상황을 설명하고 다른 길을 요구하세요.

道が 込んで います。

事故が ありました。

工事して います。

デモを して います。

예 そこは 道が 込んで います。 どうしましょうか。

이런 과정을 여러 번 거쳐서 목적지까지 가세요.

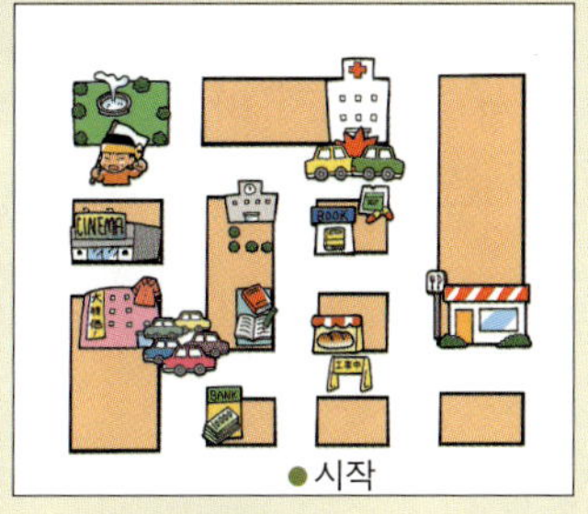

머리에 쏘옥~ 그림으로 익히는 일본어

りんご 사과
さくらんぼ 체리
トマト 토마토
マンゴ 망고
いちご 딸기
キウィ 키위
ぶどう 포도
すいか 수박
とうがらし 고추
じゃがいも 감자
もやし 콩나물
ねぎ 파
かぼちゃ 호박
だいこん 무
きゅうり 오이
にんにく 마늘

알아둡시다

「人参(にんじん)」과 「高麗人参(こうらいにんじん)」

우리 나라에서 말하는 「人参(인삼)」은 일본에서는 「人参(にんじん)」이라고 해서 '당근' 이라는 뜻으로 사용한다.

'인삼' 은 「高麗人参(こうらいにんじん)」, 즉 '고려인삼' 이라고 해야 한다.

果物(くだもの)と野菜(やさい) 과일과 야채

かき 감

もも 복숭아

バナナ 바나나

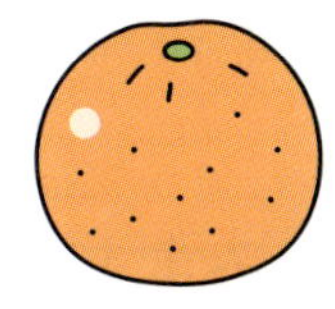

オレンジ 오렌지

レモン 레몬

メロン 멜론

はくさい 배추

たまねぎ 양파

にんじん 당근

ほうれんそう 시금치

なす 가지

キャベツ 양배추

UNIT 13

入れては　いけません

CD2-35

山田의 집에서 김유리가 일본식 된장국 만드는 법을 배우고 있다.

36 キム：あ、だし汁(じる)が　できましたよ。

37 山田(やまだ)：じゃ、野菜(やさい)を　全部(ぜんぶ)　入(い)れて　しまいましょう。

38 キム：はい。今(いま)、味噌(みそ)を　入(い)れても　いいですか。

39 山田(やまだ)：まだ　入(い)れては　いけませんよ。

野菜(やさい)を　煮(に)てから、後(あと)で　味噌(みそ)を　入(い)れます。

40 キム：へえ、韓国(かんこく)と　順番(じゅんばん)が　違(ちが)いますね。

41 山田(やまだ)：韓国(かんこく)のは　野菜(やさい)と　味噌(みそ)を　いっしょに　入(い)れて、よく　煮込(にこ)みますよね。

42 キム：日本(にほん)のは　味噌(みそ)を　入(い)れて、すぐ　火(ひ)を　消(け)しますか。

43 山田(やまだ)：ええ。あまり　長(なが)く　煮込(にこ)んで　しまっては　いけません。

キム　山田

キム　山田

New Words

会話文

だし 다시국물	できる 완성되다
やさい(野菜) 야채	いれる(入れる) 넣다
みそ(味噌) 된장	みそしる(味噌汁) 된장국
にる(煮る) 끓이다	じゅんばん(順番) 순서
ちがう(違う) 다르다	にこむ(煮込む) 푹 끓이다
ひ(火) 불	けす(消す) 끄다
ながく(長く) 길게	

확인해 보자

カタログ 카달로그	どうぞ 뭔가를 권유할 때의 표현
さきに(先に) 먼저	すわる(座る) 앉다
はいる(入る) 들어가다	クーラーを つける 냉방을 켜다
おく(置く) 놓다	しゃしん(写真) 사진
とる(撮る) 찍다	すてる(捨てる) 버리다

잘 들어 보자

ルームメイト 룸메이트	よぶ(呼ぶ) 부르다
とめる(泊める) 묵게 하다	りょう(寮) 기숙사
そうだんする(相談する) 상의하다/의논하다	わかる 알다/이해되다
おと(音) 소리	おおきく(大きく) 크게

일본어로 놀자

やちん(家賃) 집세	つき(月) 달
もんげん(門限) 통금	おふろば(お風呂場) 목욕탕
そのた(その他) 기타	ストーブ 난로
おんがく(音楽) 음악	せんたく(洗濯) 세탁

1 [동사 て형] ～て(で)みる　～해 보다

友達(ともだち)に 聞(き)いて みます。친구에게 물어 보겠습니다.

エジプトに 行って みたいです。이집트에 가 보고 싶습니다.

一度(いちど)、試(ため)して みて ください。한 번 시험해 보세요.

2 [동사 て형] ～て(で)くる　～해 오다

ちょっと、薬屋(くすりや)に 行(い)って きます。잠시 약국에 다녀오겠습니다.

ジュースを 買(か)って きて ください。쥬스를 사 와 주세요.

3 [동사 て형] ～て(で)しまう　～해 버리다

今日中(きょうじゅう)に やって しまいましょう。오늘 중에 해 버립시다.

うっかり 忘(わす)れて しまいました。깜빡 잊어 버렸습니다.

今朝(けさ)、寝(ね)すごして しまいました。오늘 아침 늦잠을 자 버렸습니다.

4 [동사 て형] ～て(で)も いいです　～해도 됩니다

ここの 電話(でんわ)を 借(か)りても いいですか。여기 전화를 빌려도 됩니까?

食(た)べて みても いいですか。먹어봐도 됩니까?

今度(こんど)、遊(あそ)びに 行(い)っても いいですか。다음에 놀러가도 됩니까?

5 [동사 て형] ~て(で)は いけません ~해서는 안 됩니다

事務室(じむしつ)で たばこを 吸(す)っては いけません。
사무실에서 담배를 피워서는 안 됩니다.

マンションで、ペットを 飼(か)っては いけませんか。
아파트에서 애완동물을 길러서는 안 됩니까?

階段(かいだん)で 遊(あそ)んでは いけませんよ。
계단에서 놀아서는 안 됩니다.

さしすせそ

일본에서는 음식의 간을 할 때「さ·し·す·せ·そ」순으로 하라는 말이 있다. 여기서「さ」는 さとう(설탕) ,「し」는 しお(소금), 「す」는 す(식초), 「せ」는 しょうゆ(간장), 「そ」는 みそ(된장)을 말한다. 이 순서는 과학적인 근거에 입각한 것이다. 이 조미료는 さ→そ로 갈수록 분자의 크기가 작다. 따라서, 음식에 침투하는 속도가 설탕이 제일 느리다는 것이다. 따라서, 설탕을 먼저 넣어주면서 다른 조미료와의 균형을 잡아가는 것이다. 또한, 설탕에는 음식의 조직을 부드럽게 만드는 기능도 있다. 부드러워진 사이에 다른 조미료가 잘 베어 들어가도록 하는 이유도 있는 것이다.

확인해 보자

1 다음 예와 같이 그림을 보고 말해 보세요.

> 예 A : すみません。この カタログを もらっても いいですか。
>
> B : いいですよ。どうぞ。

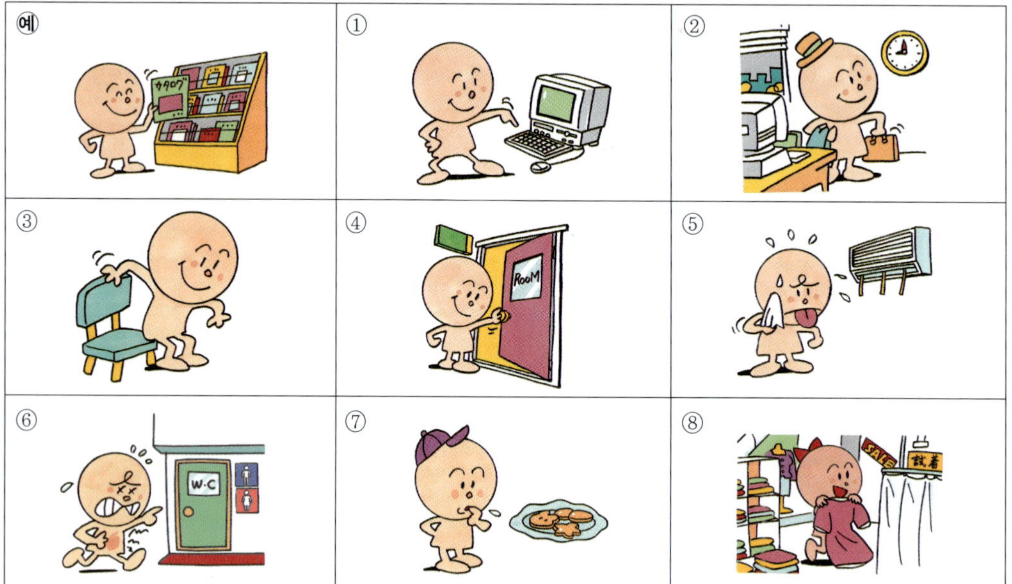

2

> 예 A : すみません。ここで たばこを 吸(す)っては いけませんが。
>
> B : そうでしたか。すみません。

44 1. 기숙사의 규칙에 대해 이야기를 하고 있습니다.
다음 중 어느 기숙사일까요?

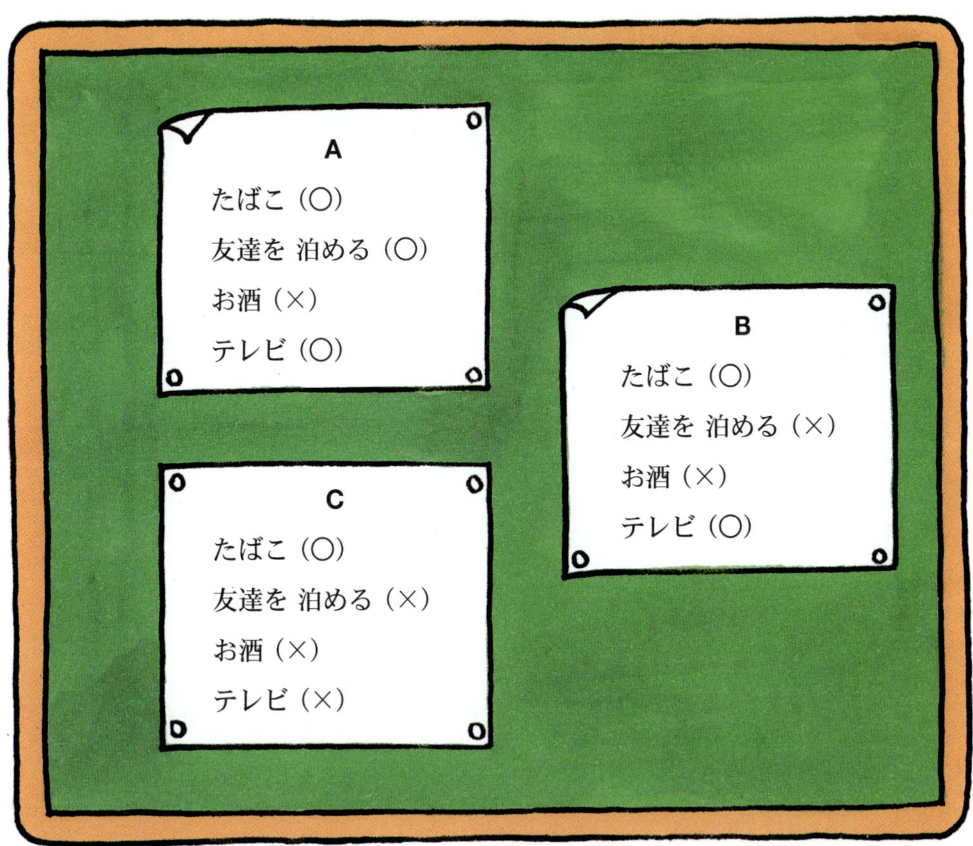

일본어로 놀자

アクティビティー

당신이 하숙집 주인이라면 어떤 규칙을 세울지 친구들에게 말해 주세요.

예 たばこを 吸(す)っても いいです。

家(いえ)の 電話(でんわ)を 使(つか)っては いけません。

10時(じゅうじ)までに 帰(かえ)って きて ください。

〈シート〉

家賃(やちん)：月(つき)＿＿＿＿＿＿＿＿ウォン

門限(もんげん)：＿＿＿＿＿＿＿＿時(じ)

家(いえ)の 電話(でんわ)を 使(つか)う:

家(いえ)の お風呂場(ふろば)を 使(つか)う:

その他(ほか)

（ペット・たばこ・お酒(さけ)・エアコン（クーラー）やストーブ・友達(ともだち)を 泊(と)める・テレビ・音楽(おんがく)・洗濯(せんたく)・掃除(そうじ)・ 食事(しょくじ)…）

친구들의 이야기를 다 들어본 후, 당신이 하숙생이라면 어느 친구 집에 하숙하고 싶은지 말해 보세요. 그 이유도 말해 보세요.

UNIT

14 冷蔵庫に 入れて あります

CD2-45

林와 山田의 남편 이한수 씨가 함께 퇴근하고 있다.

46 林：あれ？ イさんの 家の 電気、消えて いますよ。

47 イ：ええ。家内が 旅行に 行って います。

あ、家で ビールでも いっしょに いかがですか。

48 林：いいですね。じゃ、ビールを 買いに 行きましょう。

49 イ：いいえ、冷蔵庫に 入れて ありますから、大丈夫ですよ。

맥주 한 잔씩 하고 나서….

50 林: あれ？ もう １２時ですね。じゃ、そろそろ…。

51 イ: そうですか。

52 林: コップは 私が 洗います。

53 イ：いいですよ。後で 私が やりますから、置いて おいて ください。

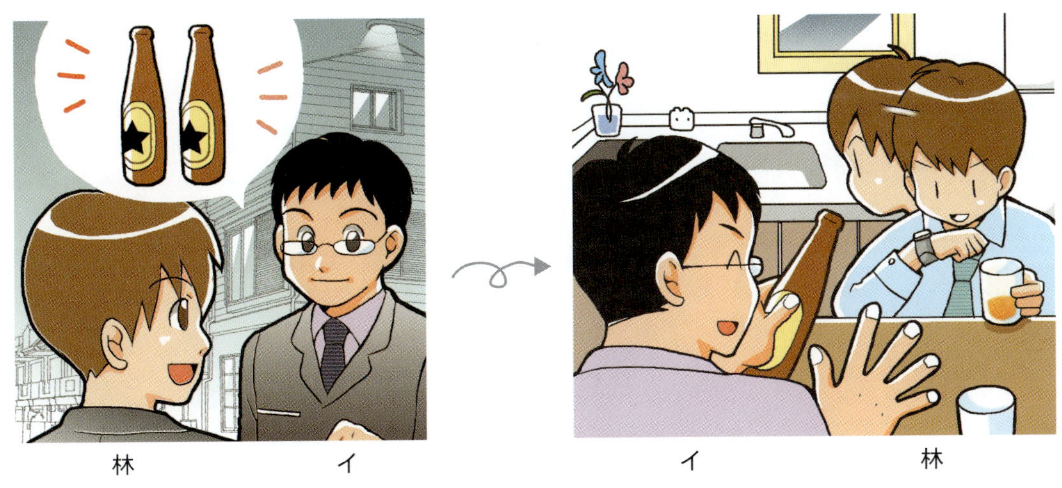

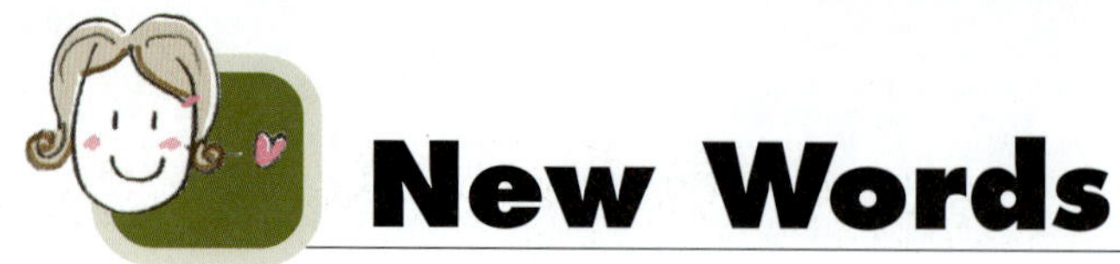

New Words

会話文

でんき(電気) (전기)불	**きえる(消える)** 꺼지다
いかがですか(=どうですか) 어떻습니까?	**れいぞうこ(冷蔵庫)** 냉장고
だいじょうぶだ(大丈夫だ) 괜찮다/걱정없다	**あれ** 어?
そろそろ 슬슬(시간이 되다)	**コップ** 컵

확인해 보자

コピーする 복사하다	**パーティー** 파티
コンパ 미팅/모임	**レストラン** 레스토랑
よやく(予約) 예약	**フィルム** 필름
かべ 벽	**スケジュールひょう(表)** 스케줄표
かける 걸다	**ほんだな(本だな)** 책장
ならべる(並べる) 진열하다	**たな** 선반
しまう 넣어두다	**かくにん(確認)** 확인
らいげつ(来月) 다음 달	**やぶれる(破れる)** 찢어지다
さいふ 지갑	**おちる(落ちる)** 떨어지다

잘 들어 보자

どう 어떻게	**のせる(載せる)** 올려놓다
ひきだし(引き出し) 서랍	**ベッド** 침대
めがね(眼鏡) 안경	**くつした(くつ下)** 양말

일본어로 놀자

アルバム 앨범

1 [동사 て형] ～て(で)おく ～해 두다

映画(えいが)の チケットは 私(わたし)が **買(か)って おきます**。
영화 티켓은 제가 사 두겠습니다.

会議(かいぎ)の 前(まえ)に、この 資料(しりょう)を **読(よ)んで おいて** ください。
회의 전에 이 자료를 읽어 두세요.

2 [타동사 て형] ～て(で)ある ～해져 있다

映画(えいが)の ポスターが **はって あります**。
영화 포스터가 붙여져 있습니다.

机(つくえ)の 上(うえ)に メモが **置(お)いて あります**。
책상 위에 메모가 놓여져 있습니다.

3 [자동사 て형] ～て(で)いる ～해 있다

この コップ、ひびが **入(はい)って います**から、新(あたら)しいのに 換(か)えて ください。
이 컵, 금이 가 있으니까 새 것으로 바꿔 주세요.

その 椅子(いす)は **壊(こわ)れて います**から、座(すわ)っては いけませんよ。
그 의자는 고장나 있으니까 앉으면 안 됩니다.

あ、窓(まど)が **開(あ)いて います**ね。閉(し)めて くださいませんか。
어, 창문이 열려 있네요. 닫아주시지 않겠습니까?

자동사	타동사
壊(こわ)れる(고장나다, 무너지다)	壊(こわ)す(고장나게 하다, 부수다)
破(やぶ)れる(찢어지다)	破(やぶ)る(찢다)
落(お)ちる(떨어지다)	落(お)とす(떨어뜨리다)
開(あ)く(열리다)	開(あ)ける(열다)
閉(し)まる(닫히다)	閉(し)める(닫다)
つく(켜지다)	つける(켜다)
消(き)える(꺼지다)	消(け)す(끄다)
起(お)きる(일어나다)	起(お)こす(깨우다, 일으키다)
並(なら)ぶ(늘어서다)	並(なら)べる(나열하다, 늘어놓다)
止(と)まる(멈춰서다)	止(と)める(세우다)
入(はい)る(들어가다)	入(い)れる(넣다)
出(で)る(나가다)	出(だ)す(꺼내다)

관용 표현

한국어와 마찬가지로 일본어에도 신체 용어가 들어가는 관용 표현이 있다. 우리말과 동일하게 사용되는 것도 있지만, 물론 다른 것도 많다. 여기서 몇 가지를 알아보면서 우리말과 비교해 보자.

- 頭に来る : 열 받다. 화가 나다.
- 顔が広い : 발이 넓다. 아는 사람이 많다.
- 目と鼻の先 : 엎어지면 코 닿을 데. 아주 가깝다.
- 口が重い : 말 수가 적다.
- 口が堅い : 입이 무겁다. 말해서는 안 되는 것은 지킨다.
- 腹が黒い : 엉큼하다.
- 手が空く : 하던 일이 끝나서 틈이 나다.
- 足を洗う : 손을 씻다. 나쁜 일을 그만 두다.

확인해 보자

1 다음 예와 같이 문장을 만들어 보세요.

> **예** 会議 / この 資料を コピーする
>
> A：会議の 前に、何を して おきましょうか。
>
> B：そうですね。まず、この 資料を コピーして おいて ください。

① 会議 / この 資料を 読む　② パーティー / ビールを 冷蔵庫に 入れる

③ コンパ / レストランの 予約を する　④ 旅行 / フィルムを たくさん 買う

2 다음 그림을 보고 예와 같이 말해 보세요.

> **예** かべに スケジュール表が はって あります。

3 위(2번)의 그림을 보고 예와 같이 말해 보세요.

> **예** A：明日の スケジュールを 確認する / B-2 예
>
> A：あのう、明日の スケジュールを 確認しても いいですか。
>
> B：いいですよ。かべに はって ありますから、どうぞ。

① A：来月の カレンダーを 見る / B：2-①　② A：カタログを もらう / B：2-②

③ A：辞書を 借りる / B：2-③　④ A：カップを 借りる / B：2-④

4 다음 그림을 보고 예와 같이 말해 보세요.

예 いすが 壊(こわ)れて います。

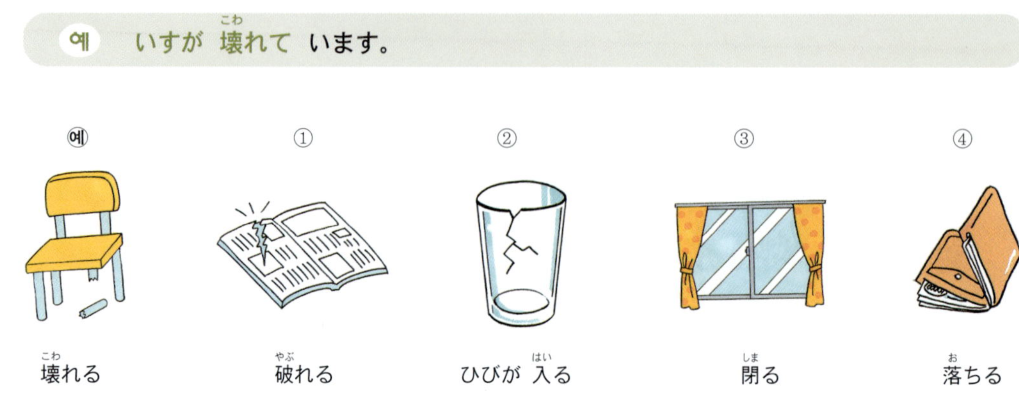

잘 들어 보자

54 방을 정돈한 후, 아래의 물건들은 a~g 중 어디에 있을까요?

일본어로 놀자

アクティビティー

학생 A : 당신은 친구 B 집에 놀러 갔습니다. 친구에게 여러 가지 부탁을 해 보세요.

㉮ ペンを 借(か)りる

A : ペンを 借(か)りても いいですか。

① アルバムの 写真(しゃしん)を 見(み)る

② 日本(にほん)の 歌(うた)を 聞(き)く

③ 何(なに)か 飲(の)む

④ メールを 確認(かくにん)する

학생 B:당신 방에 친구 A가 놀러왔습니다. 그의 요구를 들어주세요.

㉮ A : ペンを 借(か)りても いいですか。

B : ええ、いいですよ。机(つくえ)の 引(ひ)き出(だ)しに しまって ありますから、どうぞ。

UNIT

15 あまり 飲まないで ください

CD2-55

출근하자마자 커피를 마시고 있는 林를 본 동료 여사원(ユン)

56 ユン: また、コーヒーですか。林さんは コーヒーが 好きですね。

57 林 : ええ、大好きですよ。一日に 5・6 杯は 飲んで いますね。

58 ユン: 朝ごはんは 食べましたか。

59 林 : いいえ。私の 一日は この コーヒーで 始まります。

60 ユン: 何も 食べないで、コーヒーを 飲むのは 体に よく ありませんよ。

61 林 : 私は 大丈夫ですよ。なれて いますから。

62 ユン: でも、あまり たくさん 飲まないで ください。

63 林 : わかりました。少し 減らして みます。

林　ユン　林　ユン

New Words

会話文

だいすきだ(大好きだ) 매우 좋아하다
なれる 익숙해지다
へらす(減らす) 줄이다
いちにち(一日) 하루
あまり 너무

확인해 보자

しばふ(芝生) 잔디
えんりょする(遠慮する) 사양하다
きんえん(禁煙) 금연
うんてんする(運転する) 운전하다
ごみ 쓰레기
しんぱいする(心配する) 걱정하다
あぶない(危ない) 위험하다
さとう 설탕

잘 들어 보자

ダイエット 다이어트
ばかり ~만
クラシック 클래식
いじょう(以上) 이상
うんどう(運動) 운동
~かい(回) ~회, ~번
くらい(=ぐらい) 정도
まいにち(毎日) 매일

일본어로 놀자

おてら(お寺) 절
えをかく(絵をかく) 그림을 그리다
かんこうち(観光地) 관광지

1 동사 ない형

▶ 동사의 ない형이란 부정의 조동사 ない에 접속하기 위한 동사의 형태를 말합니다.

1그룹 동사 -u → -a ない	いく ↓ いかない	およぐ ↓ およがない	はなす ↓ はなさない	まつ ↓ またない	しぬ ↓ しなない
	あそぶ ↓ あそばない	のむ ↓ のまない	とる ↓ とらない	＊すう ↓ すわない	＊ある ↓ ない
2그룹 동사 -る → -×ない	みる ↓ みない	たべる ↓ たべない	わすれる ↓ わすれない	すてる ↓ すてない	いる ↓ いない
3그룹 동사	くる → こない する → しない		でんわする → でんわしない		

2 [동사 ない형] + ないで ください　～하지 마세요

約束(やくそく)の 時間(じかん)に 遅(おく)れないで ください。
약속 시간에 늦지 마세요.

あの…、ここで たばこを 吸(す)わないで ください。
たばこは あちらで お願(ねが)いします。
저, 여기서 담배를 피우지 마세요. 담배는 저쪽에서 부탁합니다.

3 [동사 ない형] + ないで、～　～하지 않고 ～

いつも 朝(あさ)ごはんを 食(た)べないで、家(いえ)を 出(で)ます。
항상 아침밥을 먹지 않고 집을 나옵니다.

昨日は 予備校に 行かないで、ゲーセンで ゲームを して いました。
어제는 입시학원에 가지 않고 오락실에서 오락을 하고 있었습니다.

私は、部屋の 電気は つけないで、机の スタンド だけで 勉強します。
저는 방의 불은 켜지 않고 책상 스탠드만으로 공부합니다.

4 [동사 ます형] + ながら ~ ~하면서

お茶でも 飲みながら 話しませんか。
차라도 마시면서 이야기 하지 않겠습니까?

うちの 父は 歌を 歌いながら お風呂に 入ります。
우리 아버지는 노래를 부르면서 목욕합니다.

コーヒー

요즈음은 아주 다양한 커피가 등장하고 있어 사람들은 본인의 기호에 따라 마시고 있다. 그런데, 이 커피의 이름들은 모두 외래어. 일본 カタカナ로는 어떻게 표기 될까?

- 브렌드 커피 : ブレンドコーヒー
- 원두 커피 : ストレートコーヒー(한 가지 원두만으로 뽑은 커피)
- 카페 라떼 : カフェ・ラテ
- 카페 오레 : カフェ・オ・レ
- 카푸치노 : カプチーノ
- 에스프레소 : エスプレッソ
- 향 커피 : フレーバーコーヒー

확인해 보자

1 다음 예와 같이 문장을 만들어 보세요.

> 예　たばこを　吸(す)う
> → たばこを　吸(す)わないで　ください。

① 写真(しゃしん)を　撮(と)る　　② 芝生(しばふ)に　入(はい)る　　③ 約束(やくそく)を　忘(わす)れる

④ ごみを　捨(す)てる　　⑤ 遠慮(えんりょ)する　　⑥ 心配(しんぱい)する

다음 그림을 보고 예와 같이 말하세요. (2~4 번)

2

> 예　ここは　禁煙(きんえん)ですから、たばこを　吸(す)わないで　ください。

예

①

②

③

3

> 예　食(た)べながら　勉強(べんきょう)しないで　ください。

예

①

②

③

4

> 예　今日(きょう)は　傘(かさ)を　持(も)たないで、家(いえ)を　出(で)ました。

예

昨日　今日

①

おととい　昨日

②

昨日　今日

③

昨日　今日

잘 들어 보자

다이어트에 필요한 주의사항을 이야기합니다.

64 1. 내용과 일치하면 ○, 틀리면 ×표를 하세요.

2. 들은 내용을 정리해 봅시다.

예 ダイエットには **運動**(うんどう)が いちばんです。

① ＿＿＿＿＿＿＿＿＿＿ながら、食事(しょくじ)を するのも いいです。

② 運動(うんどう)は 一時間(いちじかん) 以上(いじょう)＿＿＿＿＿＿＿＿＿＿。

③ ダイエット中(ちゅう)には お酒(さけ)を＿＿＿＿＿＿＿＿＿＿。

일본어로 놀자

アクティビティー

아래의 그림을 보고 예와 같이 대화해 보세요.

예	
	A：すみません。 ここでは 写真(しゃしん)を 撮(と)らないで ください。 B：これ、一枚(いちまい)だけですから。お願(ねが)いします。 A：一枚(いちまい)も 撮(と)っては いけません。 B：すぐ 終(お)わりますから。 A：ここは お寺(てら)です。観光地(かんこうち)じゃ ありません。 B：じゃ、絵(え)を かくのは いいですか。

①

②

③

④

体 몸

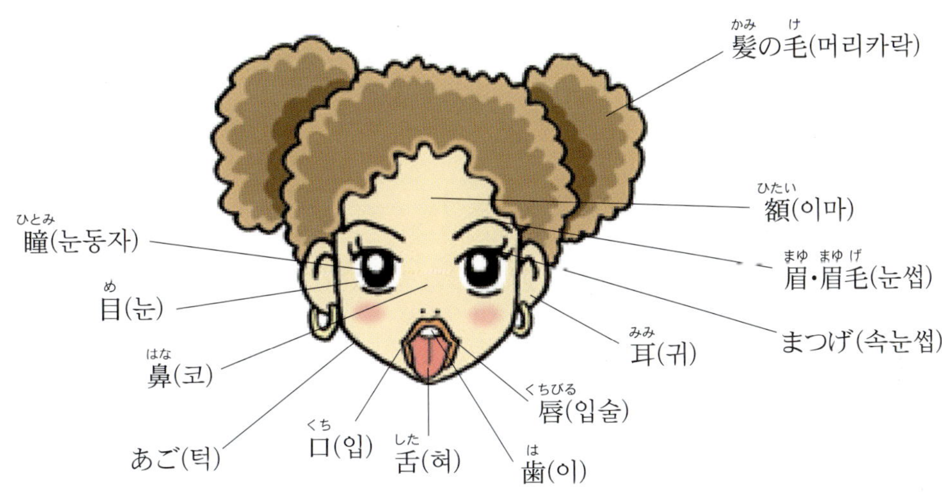
髪の毛(머리카락)
額(이마)
瞳(눈동자)
眉・眉毛(눈썹)
目(눈)
まつげ(속눈썹)
耳(귀)
鼻(코)
唇(입술)
あご(턱)
口(입)
舌(혀)
歯(이)

首(목)
頭(머리)
肩(어깨)
顔(얼굴)
うで(팔)
ひじ(팔꿈치)
胸(가슴)
背中(등)
腰(허리)
手(손)
お腹・腹(배)
おしり(엉덩이)
もも(넓적다리)
ひざ(무릎)
足(발)

UNIT 

16 通訳しなくても　いいですか

CD2-65

林와 林의 동료가 점심 시간에 이야기를 나눈다.

66 林（はやし）：口座（こうざ）を　ひらきたいですが、はんこが　要（い）りますか。

67 同僚（どうりょう）：いいえ、なくても　いいですよ。 サインを　しても　いいですから。

68 林（はやし）：そうですか。じゃ、行（い）って　きます。

69 同僚（どうりょう）：私（わたし）が　いっしょに　行（い）って、通訳（つうやく）しなくても　いいですか。

70 林（はやし）：ありがとう。でも、大丈夫（だいじょうぶ）です。

은행에서

71 林（はやし）：あの、名前（なまえ）は　ローマ字（じ）で　書（か）いても　いいですか。

72 銀行員（ぎんこういん）：すみません。コンピューターに　ハングルで
入力（にゅうりょく）しなければ　なりませんから。

73 林（はやし）：そうですか。 じゃあ…、これで　いいですか。

同僚　　林　　林　　銀行員

New Words

会話文

こうざをひらく(口座をひらく) 구좌를 개설하다
サイン 싸인
ぎんこう(銀行) 은행
ローマじ(字) 로마자
にゅうりょくする(入力する) 입력하다
はんこ 도장
いる(要る) 필요하다
つうやく(通訳) 통역
ぎんこういん(銀行員) 은행원
コンピューター 컴퓨터

확인해 보자

せつめいしょ(説明書) 설명서
~に のる(~に 乗る) ~를 타다
かよう(通う) 다니다
とぶ(飛ぶ) 날다
ちゅうしゃをうつ(注射をうつ) 주사를 놓다
でんしゃ(電車) 전차
まんいん(満員) 만원
そら(空) 하늘
ほうれんそう 시금치
ピアノをひく 피아노를 치다

잘 들어 보자

アイロンをかける 다림질하다
こんしゅう(今週) 이번 주
かんじ(漢字) 한자
ぬぐ(脱ぐ) 벗다

일본어로 놀자

チップ 팁
~さい(才) ~세
タクシー 택시
しょうがっこう(小学校) 초등학교
だい(第)~ 제~
めうえ(目上) 손윗사람
まん(満) 만
じゅうみんとうろくしょう(住民登録証) 주민등록증
おべんとう(お弁当) 도시락
がいこくご(外国語) 외국어
たべはじめる(食べ始める) 먹기 시작하다

POINT

1 [동사 ない형] + なければ　なりません

~지 않으면 안 됩니다
~야 됩니다

明日までに　出さなければ　なりません。
내일까지 제출해야 됩니다.

雨の　日は　道が　込みますから、いつも　より　早く　家を　出なければ　なりません。
비오는 날은 길이 막히니까 평소보다 일찍 집을 나서야 됩니다.

A : 明日は　どうですか。
내일은 어떻습니까?

B : すみません。 明日は　病院に　行かなければ　なりませんから…。
죄송해요. 내일은 병원에 가지 않으면 안되서….

2 [동사 ない형] + なくても　いいです

~지 않아도 됩니다

とても　辛いですから、無理して　全部　食べなくても　いいですよ。
너무 매우니까 무리해서 다 먹지 않아도 됩니다.

まだ　時間が　ありますから、そんなに　急がなくても　いいです。
아직 시간이 있으니까 그렇게 서두르지 않아도 됩니다.

これは　冷蔵庫に　入れて　おかなくても　いいですか。
이것은 냉장고에 넣어두지 않아도 됩니까?

확인해 보자

1 다음 예와 같이 문장을 만들어 보세요.

예 毎朝、早く 起きる → 毎朝、早く 起き なければ なりません。

① 予約する → ____________________なければ なりません。

② 説明書を よく 読む → ____________________なければ なりません。

③ 8時の 電車に 乗る → ____________________なければ なりません。

④ 11時 までに 帰る → ____________________なければ なりません。

⑤ 毎日、満員電車で 通う → ____________________なければ なりません。

⑥ 会議に 出る → ____________________なければ なりません。

2 아래의 인물들 중 둘을 골라, 해야 하는 것, 하지 않아도 되는 것에 대해서 이야기해 보세요.

예 学生は 勉強し なければ なりませんが、スーパーマンは 勉強し なくても いいです。

잘 들어 보자

내용을 잘 듣고, 대화가 끝난 후 남자가 할 행동을 아래의 셋 중에서 골라 ○표를 하세요.

예 a. 明日も 着ます。 (b.)明日も 来ます。 c. 明日は 来ません。

74 1) a. アイロンを かけません。 b. アイロンを かきません。 c. アイロンを かけます。

75 2) a. ハングルで 書きます。 b. 漢字で 書きます。 c. 漢字で 書きません。

76 3) a. 今週だけ 飲みます。 b. 来週まで 飲みます。 c. 今週から 飲みません。

77 4) a. 予約しません。 b. 土曜日は 予約します。 c. 土曜日は 予約しません。

78 5) a. くつを 脱ぎます。 b. くつを 脱ぎません。 c. くつ下を 脱ぎます。

일본어로 놀자

アクティビティー

한국과 일본의 차이점에 대해 이야기해 보세요.

학생 A

1. 학생 B에게 다음 예와 같이 질문하세요.

> 예 日本(にほん)では 家(いえ)の 中(なか)で、くつを 脱(ぬ)がなければ なりませんか。

Q		日本(にほん)	韓国(かんこく)
예	家(いえ)の 中(なか)で、くつを 脱(ぬ)ぐ	(　　)	(　　)
①	ホテルで チップを あげる	(　　)	(　　)
②	満6才(まんろくさい)から 学校(がっこう)に 入(はい)る	(　　)	(　　)
③	土曜日(どようび)も 学校(がっこう)に 行(い)く	(　　)	(　　)
④	住民登録証(じゅうみんとうろくしょう)を もらう	(　　)	(　　)

2. 학생 B 의 질문에 아래를 보고 대답하세요.

○ → ～なければ なりません。

× → ～なくても いいです。

		日本(にほん)	韓国(かんこく)
①	タクシーの ドアを 開(あ)ける。	×	○
②	小学校(しょうがっこう)へ お弁当(べんとう)を 持(も)って 行(い)く。	×	×
③	高校生(こうこうせい)は 学校(がっこう)で 第2外国語(だいにがいこくご)を 習(なら)う。	×	○
④	食事(しょくじ)の 時(とき)、目上(めうえ)の 人(ひと)が 食(た)べ始(はじ)めるのを 待(ま)つ。	×	○

학생 B

1. 학생 A 의 질문에 아래를 보고 대답하세요.

○ → ～ なければ なりません。

× → ～ なくても いいです。

예 はい。日本(にほん)では 家(いえ)の 中(なか)で くつを 脱(ぬ)がなければ なりません。

	日本(にほん)	韓国(かんこく)
예 家(いえ)の 中(なか)で、くつを 脱(ぬ)ぐ	○	○
① ホテルで チップを あげる	×	○
② 満(まん)6才(ろくさい)から 学校(がっこう)に 入(はい)る	○	○
③ 土曜日(どようび)も 学校(がっこう)に 行(い)く	×	○
④ 住民登録証(じゅうみんとうろくしょう)を もらう	×	○

2. 아래의 질문을 학생 A 에게 하세요.

	日本(にほん)	韓国(かんこく)
① タクシーの ドアを 開(あ)ける。	(　)	(　)
② 小学校(しょうがっこう)へ お弁当(べんとう)を 持(も)って 行(い)く。	(　)	(　)
③ 高校生(こうこうせい)は 学校(がっこう)で 第2外国語(だいにがいこくご)を 習(なら)う。	(　)	(　)
④ 食事(しょくじ)の 時(とき)、目上(めうえ)の 人(ひと)が 食(た)べ始(はじ)めるのを 待(ま)つ。	(　)	(　)

UNIT 17 合コンを した ことが あります

CD2-79

김유리가 山田의 집에서 함께 차를 마시고 있다.

80 山田: キムさん、彼は。

81 キム: いません。

82 山田: お見合いとか、した ことが ありますか。

83 キム: ん…。お見合いは した ことが ありませんが、

合コンは した ことが あります。

84 山田: そうですか。韓国では 「ミーティング」と いいますね。

どんな ことを しますか。

85 キム: 食事を したり、お酒を 飲んだり します。

86 山田: 日本と 同じですね。

87 キム: 山田さんは 日本で 合コンを した ことが ありますか。

88 山田: ええ、たくさん ありますよ。主人には ないしょね。

山田　キム

キム　山田

New Words

会話文

かれ(彼) 남자 친구	～とか ～같은 것
～と いう(～と 言う) ～라고 하다	ないしょ 비밀

확인해 보자

つうはん(通販) = つうしんはんばい(通信販売) 통신 판매

にじ(虹) 무지개	ドラマ 드라마
バンジー・ジャンプ 번지 점프	チャット 채팅
しょうせつ(小説) 소설	ラブレター 러브레터
おんがく(音楽) 음악	ドライブ 드라이브
ばんごはん(晩ご飯) 저녁밥	

잘 들어 보자

じこをおこす(事故を起こす) 사고를 일으키다	じこにあう(事故にあう) 사고를 당하다
したしい(親しい) 친하다	にゅういん(入院) 입원
たいいん(退院) 퇴원	ちょきん(貯金) 저금
りょうきん(料金) 요금	よる(夜) 밤
おそく(遅く) 늦게	カフェ 카페

일본어로 놀자

シート 시트	げいのうじん(芸能人) 연예인
ひとりで(一人で) 혼자서	どうして 왜

1 동사 た형

1그룹 동사	あう → あった まつ → まった かえる → かえった	しぬ → しんだ よむ → よんだ あそぶ → あそんだ	2그룹 동사	みる → みた わすれる → わすれた
	きく → きいた いそぐ ・いそいだ ＊いく → いった	かす → かした	3그룹 동사	くる → きた する → した べんきょうする → べんきょうした

2 [동사 た형] ～た ことが あります　～한 적이 있습니다

日本人(にほんじん)と 話(はな)した ことが あります。 일본인과 이야기 한 적이 있습니다.

日本(にほん)の 漫画(まんが)を 読(よ)んだ ことが あります。 일본 만화를 읽은 적이 있습니다.

A : 犬(いぬ)の 肉(にく)を 食(た)べた ことが ありますか。 개고기를 먹은 적이 있습니까?

B : ① はい、食(た)べた ことが あります。 네, 먹은 적이 있습니다.

② いいえ、食(た)べた ことが ありません。 아니오, 먹은 적이 없습니다.

3 [동사 た형] ～たり　～하기도 하고

映画(えいが)を 見(み)たり、お酒(さけ)を 飲(の)んだり します。
영화를 보기도 하고 술을 마시기도 합니다.

部屋(へや)で ゴロゴロ したり、あちこち ブラブラ したり して いました。
방에서 뒹굴뒹굴 하기도 하고 여기저기 돌아 다니기도 했습니다.

気(き)が 散(ち)りますから、行(い)ったり 来(き)たり しないで ください。
정신 산만하니까 왔다 갔다 하지 마세요.

확인해 보자

다음 예와 같이 문장을 만들어 보세요. (1~3 번)

1

예　1) 日本に 行く　2) 楽しい

A : 1) 日本に 行った ことが ありますか。
B : はい、1) 行った ことが あります。
A : どうでしたか。
B : 2) 楽しかったです。

① 1) キムチを 作る　2) 難しい　② 1) 日本酒を 飲む　2) おいしい
③ 1) 通販で 何かを 買う　2) 便利だ　④ 1) 虹を 見る　2) きれいだ

2

예　日本の ドラマを 見る

A : 日本の ドラマを 見た ことが ありますか。
B : いいえ、まだ 見た ことが ありません。
一度、見て みたいです。

① バンジージャンプを する　② 日本語で チャットを する
③ 日本の 小説を 読む　④ ラブレターを もらう

3

예　暇な 時、何を しますか。(音楽を 聞く・ビデオを 見る)
→ 音楽を 聞いたり、ビデオを 見たり します。

① 週末は 何を しますか。(お酒を 飲む・ドライブを する)
② ここまで 何で 来ますか。(バスで 来る・電車で 来る)
③ 晩ご飯の 後、何を して いますか。(メールを 書く・テレビを 見る)
④ 子供の 頃 どんな ことを しましたか。
(テレビゲームを する・公園で 遊ぶ・漫画を 読む)

잘 들어 보자

89 1. 대화를 듣고, 각자 무엇을 한 적이 있는지 빈칸에 적어 보세요.

예 キムさんは キムチを 作(つく)った ことが あります。

① キムさんは＿＿＿＿＿＿＿＿＿＿＿＿＿＿＿＿ことが あります。

田中(たなか)さんは＿＿＿＿＿＿＿＿＿＿＿＿＿＿＿＿ことが あります。

② パクさんは＿＿＿＿＿＿＿＿＿＿＿＿＿＿＿＿ことが あります。

イさんは＿＿＿＿＿＿＿＿＿＿＿＿＿＿ことが あります。

90 2. 내용을 잘 듣고 예와 같이 해당하는 장소를 찾아서 번호를 쓰세요.

예 インターネットカフェ (コーヒーを 飲(の)みます ・ インターネットを します)

일본어로 놀자

アクティビティー

교실에서 다른 사항에 대해 앙케이트를 해 보세요.

㊎ シート

芸能人(げいのうじん)に 会(あ)う(＿＿人) ← 「芸能人(げいのうじん)に 会(あ)った ことが ありますか。」
(인원은 바를 정 자 '正' 로 표기하세요.)

＊誰(だれ)？ ← 「誰(だれ)に 会(あ)いましたか。」

＿＿＿＿＿＿＿＿＿＿

＊どう？ ← 「どうでしたか。」

＿＿＿＿＿＿＿＿＿＿

ラブレターを書(か)いたり もらったり する(＿＿＿＿人)

＊かく?

＿＿＿＿＿＿＿＿＿＿

＊もらう？

＿＿＿＿＿＿＿＿＿＿

＊いつ?

＿＿＿＿＿＿＿＿＿＿

ペットを 飼(か)う(＿＿＿＿人)

＊どんな ことを しなければ なりませんか。

＿＿＿＿＿＿＿＿＿＿

＿＿＿＿＿＿＿＿＿＿

＿＿＿＿＿＿＿＿＿＿

＿＿＿＿＿＿＿＿＿＿

＿＿＿＿＿＿＿＿＿＿

犬(いぬ)の 肉(にく)を 食(た)べる(＿＿＿＿人)

＊どう?

＿＿＿＿＿＿＿＿＿＿

＊また 食(た)べたいですか。

＿＿＿＿＿＿＿＿＿＿

一人(ひとり)で 旅行(りょこう)する(＿＿＿＿人)

＊どこ?

＿＿＿＿＿＿＿＿＿＿

＊どうして 一人(ひとり)で?

＿＿＿＿＿＿＿＿＿＿

＊どう?

＿＿＿＿＿＿＿＿＿＿

18 お芝居を 見た

CD2-91

김유리의 일기

92

8月 25日 土曜日 晴れ

今日、お芝居を 見た。韓国、日本、中国 合作の お芝居だった。今まで 一度も 見た ことが なかったから、オープニングの 時は 少し ドキドキした。表情も 動きも 大きいから、最初は ちょっと びっくりしたけど、俳優の パワーを 強く 感じた。

キム

歌ったり、踊ったり、リズミカルなのも よかった。フィナーレで、韓国・日本・中国の 俳優たちが 手を つないで 歌った。少し 涙が 出た。とても 感動的だった。

映画も いいけど、お芝居も いい。これからは 時々 お芝居も 見たい。

夏休みも 明日までだ。来週から 学校の 授業が 始まる。アルバイトも あるから、忙しい。

がんばれ、 ゆり！

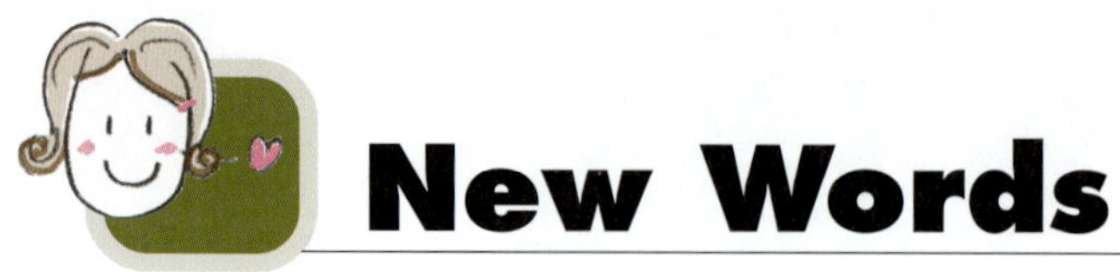

New Words

会話文

はれ(晴れ) 맑음	がっさく(合作) 합작
オープニング 오프닝	ドキドキ 두근두근
ひょうじょう(表情) 표정	うごき(動き) 움직임
さいしょ(最初) 처음	びっくりする 깜짝 놀래다
～けど ～지만	はいゆう(俳優) 배우
パワー 파워	つよく(強く) 강하게
かんじる(感じる) 느끼다	おどる(踊る) 춤추다
リズミカル 리드미컬	フィナーレ 피날레
てをつなぐ(手をつなぐ) 손을 잡다	なみだ(涙) 눈물
かんどうてき(感動的) 감동적	ときどき(時々) 때때로
がんばれ 힘내라	

잘 들어 보자

ごぜんちゅう(午前中) 오전중	くもり(曇り) 흐림
はれる(晴れる) 개이다	でかける(出かける) 외출하다
ようじ(用事) 볼일	ゆうがた(夕方) 저녁
ビヤガーデン 비어가든	ごめん 미안해
じょうだん(冗談) 농담	いっしょうけんめい(一生懸命) 열심히

1 보통형(긍정)

	정중형	보통형
명사	雨(あめ)です。 (비입니다.) 雨(あめ)でした。 (비였습니다.)	雨(あめ)だ。 (비다.) 雨(あめ)だった。 (비였다.)
ナ형용사	元気(げんき)です。 (건강합니다.) 元気(げんき)でした。 (건강했습니다.)	元気(げんき)だ。 (건강하다.) 元気(げんき)だった。 (건강했다.)
イ형용사	おもしろいです。 (재미있습니다.) おもしろかったです。 (재미있었습니다.)	おもしろい。 (재미있다.) おもしろかった。 (재미있었다.)
동사	会(あ)います。 (만납니다.) 会(あ)いました。 (만났습니다.)	会(あ)う。 (만나다.) 会(あ)った。 (만났다.)

2 보통형(부정)

	정중형	보통형
명사	雨(あめ)じゃ ありません。 (비가 아닙니다.) 雨(あめ)じゃ ありませんでした。 (비가 아니었습니다.)	雨(あめ)じゃ ない。 (비가 아니다.) 雨(あめ)じゃ なかった。 (비가 아니었다.)
ナ형용사	元気(げんき)じゃ ありません。 (건강하지 않습니다.) 元気(げんき)じゃ ありませんでした。 (건강하지 않았습니다.)	元気(げんき)じゃ ない。 (건강하지 않다.) 元気(げんき)じゃ なかった。 (건강하지 않았다.)
イ형용사	おもしろく ありません。 (재미있지 않습니다.) おもしろく ありませんでした。 (재미있지 않았습니다.)	おもしろく ない。 (재미있지 않다.) おもしろく なかった。 (재미있지 않았다.)
동사	会(あ)いません。 (만나지 않습니다.) 会(あ)いませんでした。 (만나지 않았습니다.)	会(あ)わない。 (만나지 않다.) 会(あ)わなかった。 (만나지 않았다.)

3 보통체 문장

昨日(きのう)は 暇(ひま)だったから、部屋(へや)の 掃除(そうじ)を した。
어제는 한가했기 때문에 방청소를 했다.

さしみは 好(す)きだけど、高(たか)いから、あまり 食(た)べに 行(い)かない。
생선회는 좋아하지만, 비싸기 때문에 그다지 먹으러 가지 않는다.

これから 飲(の)みに 行(い)くけど、いっしょに 行(い)かない?
이제부터 한 잔 하러 가는데, 같이 안 갈래?

悪(わる)いけど、ここで ちょっとだけ 待(ま)って いて。
미안하지만, 여기서 조금만 기다리고 있어줘.

まだ まだ いっぱい あるから、遠慮(えんりょ)しないでね。
아직 많이 있으니까 사양하지마.

A : 明日(あした)、そっちに 遊(あそ)びに 行(い)っても いい?
내일 그쪽에 놀러가도 돼?

B : うん、いいよ。응, 좋아.

확인해 보자

1 보통형으로 바꾸세요.

예 行(い)きます	行(い)く	行(い)った	行(い)かない	行(い)かなかった
飲(の)みます				
あります				
います				
します				
来(き)ます				
かわいいです				
いいです				
嫌(きら)いです				
好(す)きです				

2 다음 문장을 보통형으로 바꾸고 질문과 대답을 해 보세요.

① Q：日本語(にほんご)は 難(むずか)しいですか。 →

A：はい、難(むずか)しいです。→

いいえ、難(むずか)しく ありません。→

② Q：キムさんの 部屋(へや)は きれいですか。 →

A：はい、きれいです。→

いいえ、きれいじゃ ありません。→

③ Q：韓国(かんこく)の 歌手(かしゅ)の なかで 誰(だれ)が いちばん 好(す)きですか。 →

A：________________が いちばん 好(す)きです。 →

④ Q：日本語(にほんご)を 勉強(べんきょう)して、何(なに)が したいですか。 →

A：________________たいです。 →

⑤ Q：家(いえ)で ペットを 飼(か)っても いいですか。 →

A：はい、飼(か)っても いいです。 →

いいえ、飼(か)っては いけません。→

⑥ Q：昨日(きのう)、何(なに)を しましたか。 →

A：家(いえ)で ビデオを 見(み)ました。→

⑦ Q：これから、何(なに)を しますか。→

A：家(いえ)に 帰(かえ)ります。→

잘 들어 보자

93 두 여학생의 대화를 듣고, **りえ**의 일기를 완성하세요.

りえの 日記(にっき)

9月(くがつ)7日(なのか) 日曜日(にちようび)

きのうは 午前中(ごぜんちゅう)は くもり________が、午後(ごご)からは________________。

とても いい 天気(てんき)________から、________と 映画(えいが)を 見(み)に________________。

映画(えいが)は________________________。

その後(あと)、________と________と 私(わたし)の 三人(さんにん)で ビールを________________。

とても 楽(たの)しかった。それで、明日(あした)の 試験(しけん)の ことを________________。

ここは 学校(がっこう)の 図書館(としょかん)だ。

今(いま)から、いっしょうけんめい________________。

일본어로 놀자

アクティビティー

'子供の 時'를 제목으로 작문해 보세요.(보통체로)

먼저 아래의 질문에 대답해 보세요.

① 子供の 時、何が 好きでしたか。(食べ物・おもちゃ…)

예 アイスクリ ムが 好きでした。→ アイスクリームが 好きだった。

② 何を して、遊びましたか。

예 自転車に 乗ったり、テレビゲームを したり しました。

→ 自転車に 乗ったり、テレビゲームを したり した。

③ 小学生の 時は どんな 子供でしたか。中学生、高校生の 時は？

예 明るくて、元気な 子供でした。→ 明るくて、元気な 子供だった。

④ 学生の 時、同じ クラスに 好きな 人が いましたか。どんな 人でしたか。

예 スポーツが 上手で、かわいい 人でした。

→ スポーツが 上手で、かわいい 人だった。

十二支(じゅうにし) 12 지

子・ねずみ 쥐

丑・うし 소

寅・とら 호랑이

卯・うさぎ 토끼

辰・たつ/りゅう 용

巳・へび 뱀

午・うま 말

未・ひつじ 양

申・さる 원숭이

酉・にわとり/とり 닭

戌・いぬ 개

亥・いのしし 멧돼지

연습문제

1. キムさんは　学生ですか。
いいえ、学生(　　　　　　　　　)

2. バス停は　(　　)ですか。
いいえ、バス停は　(　　　)です。

3. 私の　友達は　数学(　　　)　先生です。

4. それは　(　　　)　チケットですか。
これは　映画の　チケットです。

5. 田中さんの　誕生日は　(　　)ですか。
4月　3日です。

6. 教室に　(　　)　いますか。
いいえ、誰も　いません

7. 公衆電話は　(　　　)　ありますか。
コンビニの　前に　あります。

8. 会議は　(　　　)　始まりますか。
2時に　始まります。

9. (　　)　会社に　行きますか。
バスで　会社に　行きます。

10. 昨日、テレビを　見ましたか。
いいえ、(　　　　　　　　　)

11. 昨日、見た　映画は　どうでしたか。
あまり　(　　　　　　)　ありませんでした。

12. 先生は（　　　　　）おもしろい　方です。

13. 釜山は（　　　）所ですか。
にぎやかで　有名です。

14. 木村さんは（　　　　）で　やさしい　人です。

15. 料理を　食べるのは　好きですが、（　　　　）好きじゃ　ありません。

16. 昨日は　とても（　　　　　）

17. 先週は　天気が（　　）ありませんでした。

18. 山田さんは　海と　山と（　　　　）好きですか。

19. 日本料理の　中で（　　）いちばん　好きですか。
うなぎが　いちばん　好きです。

20. 旅行は　温泉（　）遊園地　どちらが　いいですか。
私は（　　　　）いいです。

21. のどが　乾きましたね。（　　）飲みたいですね。
そうですね。コーヒー（　　）飲みましょうか。

22. どこか　遊び（　）行きませんか。
いいですね。ロッテワールドは　どうですか。

23. 昨日、デパートに　買い物（　　　　　）
何か　買いましたか。
はい。靴を　買いました。

24. 恋人(　) 手編みの　セーターを　あげたいです。

25. 会社(　　) 夏の　ボーナスを　もらいました。

26. 友達が　私の　妹に　ネックレスを(　　　　　)

27. 山本さん(　) 手紙(　) もらいました。

28. 朝　起きて、ご飯を　食べて　コーヒーを　(　　　)、家を　出ました。

29. 少し　(　　　) 仕事を　始めます。

30. 田中さんは　どこに　いますか。
会議室で　資料を　(　　　) います。

31. この　デジカメの　(　　　)を　教えて　ください。

32. ちょっと　郵便局に　(　　　) 来ます。

33. この　電話を　(　　　　) いいですか。

34. この　マンションでは　ペットを　(　　　　) いけません。

35. 机の　上に　メモが(　　　)あります。

36. 寒いですから　窓を　(　　　　　　　)

37. ここに　車を　(　　　　　) ください。ここは　駐車禁止です。

38. 約束の　時間に　(　　　　　) ください。

39. 明日までに レポートを（　　　　　　）なりません。

40. 月曜日は 道が（　　　）、いつもより 早く 家を 出なければ なりません。

41. まだ 時間が ありますから（　　　　　　）いいです。

42. 納豆を（　　　）ことが ありますか。

43. 富士山に（　　　　）ことが ありますか。

44. 今度の 日曜日には 家で ゆっくり 休む つもりです。
部屋の 掃除を（　　　）、音楽を（　　　　　）、のんびり 休みたいです。

45. 友達と 会って 話を（　　　）、おいしい ものを（　　　）したいです。

46. 昨日は ひまだったので 友達に メールを（　　　　）。

47. 日本語の 試験は とても（　　　　　）。

48. 通販で（　　　）靴は 小さいです。

49. 日本語で チャットを（　　　　　）なあ。

50. 中国の 歌を（　　　　）

NEW CONCEPT JAPANESE

신개념 日本語 —입문편—

개정판 발행 2006년 1월 20일
개정 1판 20쇄 2023년 4월 30일

저자 김희성 · 田淵咲子 · 稲熊美保 · 황경자
책임 편집 조은형, 무라야마 토시오, 김성은
펴낸이 엄태상
콘텐츠 제작 김선웅, 장형진
마케팅 이승욱, 왕성석, 노원준, 조성민, 이선민
경영기획 조성근, 최성훈, 정다운, 김다미, 최수진, 오희연
물류 정종진, 윤덕현, 신승진, 구윤주

펴낸곳 시사일본어사(시사북스)
주소 서울시 종로구 자하문로 300 시사빌딩
주문 및 교재 문의 1588-1582
팩스 0502-989-9592
홈페이지 www.sisabooks.com
이메일 book_japanese@sisadream.com
등록일자 1977년 12월 24일
등록번호 제 300-2014-31호

ISBN 978-89-402-7166-7 18730
978-89-402-0610-9 18730 [set]

* 이 책의 내용을 사전 허가 없이 전재하거나 복제할 경우 법적인 제재를 받게 됨을 알려 드립니다.
* 잘못된 책은 구입하신 서점에서 교환해 드립니다.
* 정가는 표지에 표시되어 있습니다.